VIVRE MIEUX
AVEC SON IMPULSIVITÉ

Dr Charles-Édouard Rengade
Dr Frédéric Fanget

VIVRE MIEUX AVEC SON IMPULSIVITÉ

Odile Jacob

© Odile Jacob, septembre 2011
15, rue Soufflot, 75005 Paris

www.odilejacob.fr

ISBN : 978-2-7381-2705-1

Enfin des livres qui seront les véritables partenaires de votre santé physique et psychologique.

Ils vous aideront à faire le tri parmi la multitude d'informations médicales disponibles aujourd'hui et vous orienteront vers ce qui est fondamental pour votre mieux-être.

En tant que médecin psychiatre, j'ai toujours fait le choix d'une approche à la fois scientifique et rigoureuse, mais aussi humaine et collaborative.

Afin que vous deveniez vraiment acteur de votre santé, vous trouverez dans cette collection « Vivre mieux » des informations médicales, sérieuses, rigoureuses, vous permettant de mieux comprendre et de mieux gérer votre corps et votre esprit.

Tous les auteurs de cette collection réunissent trois qualités essentielles : une compétence reconnue dans leur domaine, une pratique de soins humaine et chaleureuse, et la volonté de vous transmettre clairement et efficacement leur savoir.

Ainsi, vous pourrez utiliser chaque livre comme un outil de votre prise en charge qui complétera celle des professionnels de santé que vous consultez habituellement.

Docteur Frédéric Fanget
Directeur de la collection « Vivre mieux »

Introduction

Pour quelles raisons et pour qui avez-vous acheté ce livre ?

Pour un proche, un ami ou votre enfant : vous voulez mieux comprendre ses réactions impulsives, ses élans soudains, ses difficultés à prendre du recul sur ses actes.

L'« impulsivité » vous préoccupe, vous avez enfin trouvé un ouvrage sur ce sujet.

Pour vous, vous avez acheté ce livre sur un coup de tête, vous pensez être impulsif, mais sans trop savoir jusqu'à quel point.

Vous avez bien agi. Ce livre va vous permettre de comprendre l'impulsivité sous ses différentes formes à travers les exemples de vie de personnes impulsives. Ce livre vous aidera à trouver un modèle qui vous ressemble pour mieux comprendre le mécanisme de l'impulsivité.

Mais surtout ce livre va vous proposer des moyens pour juguler, canaliser, maîtriser ou utiliser à meilleur escient l'impulsivité. Apprenez et essayez le moyen le plus efficace pour vous.

Et surtout vivez mieux avec votre impulsivité !

PARTIE 1

Êtes-vous impulsif ou spontané ?

« Le seul moyen de se délivrer d'une tentation, c'est d'y céder. Résistez et votre âme se rend malade à force de languir ce qu'elle s'interdit. »

Oscar WILDE.

« Je peux résister à tout sauf à la tentation. »

Oscar WILDE.

« Sur un signe, un seul mot de toi, je vole en éclats. »

Marc LAVOINE, *Toi mon amour.*

CHAPITRE 1

L'impulsivité, c'est quoi ?

L'impulsivité est au cœur de notre quotidien. Chacun peut l'exprimer avec ses mots. Lorsqu'on demande : « Qu'est-ce que pour vous être impulsif ? », une variété d'expressions se fait entendre pour dire ce qui n'est pas toujours facile à reconnaître. Comme des tags sur le mur d'une ville, les témoignages suivants peuvent aider à en apprendre et en comprendre plus sur nous-même.

J'agis sans penser. Sur un coup de tête. Sans réfléchir. Je suis un fonceur.

Je me mets facilement en colère. Je ne contrôle pas mes émotions ou alors ce sont mes émotions qui me contrôlent.

Mes idées fusent, défilent vite. Je ne vais pas au bout des choses.

Je suis hypersensible, faut pas m'énerver.

Je dis tout ce que je pense.

J'écoute d'abord mon cœur et mes envies.

J'aime la vitesse, le risque, le changement, l'aventure, la spontanéité.

Je cède toujours à mes envies. Je suis très impatient.

Faut pas me casser la tête. Me concentrer longtemps m'est pénible. Je suis distrait.

Je n'aime pas programmer, organiser, planifier, la méticulosité, me retenir, me maîtriser.

Et pour moi, être impulsif, qu'est-ce que c'est ? Écrivez à votre manière ce mode d'être que nous allons explorer et traiter ensemble tout au long de ce livre.

Formulez ou écrivez votre propre définition :

- ....
- ....
- ....
- ....

Qui est impulsif ?

Peut-être avez-vous déjà pensé ces phrases à votre propos. Seriez-vous un impulsif ?

Le mot est dit, mais quel en est le sens exact, car l'impulsivité recouvre de nombreuses réalités. Nous allons le découvrir au fil de ce chapitre.

L'impulsivité est-elle une qualité ou un défaut ? Certains parmi nous se définiront spontanément comme impulsifs, mais bien souvent c'est l'entourage qui attribue cette qualification. Et ce terme, dans le jugement courant, est généralement péjoratif, associé à l'agressivité et à la colère.

« Il n'est pas fiable, c'est un impulsif ! Faut pas trop le chercher… »

« Méfie-toi d'elle, elle est impulsive, du genre imprévisible ! »

En général, on ne s'applique pas spontanément ce terme à soi-même. L'impulsivité est liée à la combativité, à la réactivité, à la capacité de répondre du tac au tac, au sens de l'à-propos, voire à la prise rapide de décision. Elle est considérée comme une grande qualité. Dans ce cas, on accepte plus volontiers le qualificatif d'impulsif.

« Cet homme, il n'hésite pas. Il a confiance en lui, c'est un fonceur, un vrai décideur ! Tu sais pourquoi ? Il est impulsif, il écoute son instinct ! Un tueur, quoi ! »

L'impulsivité renvoie donc à deux modèles de comportement assez opposés. Alors, êtes-vous un impulsif combatif ou un impulsif problématique ?

La juste dose : de la spontanéité à l'antipathie

L'impulsivité devient problème quand elle est excessive. On peut dire que certaines personnes sont trop impulsives et trop souvent. Un peu comme être franc, être impulsif de temps en temps ne pose pas trop de problèmes surtout si les conséquences restent sympathiques. De même, la franchise est une grande et belle qualité, mais dire la vérité à tout le monde en toute occasion, quelles qu'en soient les conséquences, peut devenir préjudiciable. À juste dose, l'impulsivité se nomme la spontanéité, elle est une belle qualité qui peut apporter de la fraîcheur et de l'inattendu dans notre quotidien.

Cette impulsivité-là est bien décrite par Camille.

« Tu vois, j'aime la relation amoureuse au début. On est tout fou l'un de l'autre, on écoute notre cœur. La relation est impulsive, un peu sauvage. Après c'est plus pareil. On se connaît, on est plus raisonnable. »

On écoute notre cœur certes, tout en restant attentif à l'autre, à l'être aimé, pour le respecter, avancer à son rythme, voire le séduire. Si l'impulsivité grandit, prend trop de place dans le comportement, alors on oublie l'autre, on écoute uniquement ses envies à l'instant même où on les ressent, de manière égocentrique.

La limite est franchie quand l'impulsif n'appréhende plus l'environnement et perd toute empathie envers l'autre. Rappelons que, pour les psychiatres, l'empathie se décompose en trois mouvements : il s'agit d'abord de comprendre le point de vue et les sentiments de l'autre, puis de manifester et d'exprimer cette compréhension, et enfin de rester soi-même, de ne pas sombrer dans la fusion ou la confusion avec l'autre. C'est dans ce dernier stade que l'impulsif peut devenir antipathique, car il confond souvent ses sentiments et ses envies avec ceux de l'autre : en agissant vite, il croit parfois faire plaisir à l'autre alors qu'il n'a pas pris le temps nécessaire pour bien le comprendre, mesurer ses attentes, envisager les conséquences de son geste.

Camille raconte son premier rendez-vous amoureux.

Son amoureux avait méticuleusement préparé un dîner aux chandelles, confectionné une décoration délicate, musique tendre en sourdine, ambiance feutrée, senteurs délicates d'encens. Enthousiaste, Camille s'est contenue quelques minutes, mais, ne pouvant plus résister à cette ambiance romantique spécialement créée pour la séduire, elle s'est jetée dans les bras de l'être élu. « Bien sûr, c'était super. Bon moment, et tout… Mais je me dis maintenant que je suis peut-être allée un peu trop vite. J'avais peut-être peur qu'il soit déçu de ma conversation. Il me faisait vibrer alors je ne voulais pas trop le décevoir. » Évidemment, le bon dîner a brûlé.

Dans cet épisode, l'enthousiasme et la spontanéité de Camille ont ajouté à la passion un peu plus de fougue et d'exaltation.

Camille poursuit : « Chaque fois qu'il me préparait un repas, je lui tombais dans les bras. Un jour, il ne m'a rien préparé, j'ai cru un peu trop vite qu'il ne m'aimait plus, qu'il se lassait de moi. Alors j'ai claqué la porte, je suis partie. »

Lorsque l'impulsivité devient envahissante, elle nous isole et effraie les personnes qui nous entourent.

Camille en est devenue malade, à force de croire que son impulsivité était une qualité à préserver et à développer.

« Le meilleur de la relation amoureuse est au début. Alors je ne reste avec mes amoureux que trois ans. Après je les plaque. C'est le contrat, dès le départ, je leur impose. Alors bien sûr, le cinquième était peut-être l'homme de ma vie. Mais vous comprenez, il faut rester impulsif, c'est ça être authentique ! Le reste, ce n'est que prises de tête. Bien sûr, je le regrette parfois, mais je ne vois pas comment rester vraie sinon. »

Camille pousse l'excès jusqu'à contractualiser son impulsivité sans tenir compte des sentiments de son amoureux. Une impulsivité contrôlée en somme jusqu'à en ressentir elle-même le côté absurde et maladif.

Dans ses premières relations, Camille cultivait son enthousiasme, elle était prompte à réagir, toujours sur le mode passionné. Son impulsivité en tant que qualité se manifestait par de la spontanéité.

Plus tard, croyant promouvoir cette qualité, en voulant réagir de manière systématique par l'impulsivité en toutes circonstances, dans toutes ses relations, sans nuances, Camille est tombée dans l'excès, dans l'impulsivité maladie.

Alors, comme Camille, comment vous situez-vous ? Êtes-vous dans le rouge ?

Consigne : dans le tableau page ci-contre, dessinez une flèche qui va vers la droite (maladie) ou vers la gauche (qualité).

Nous constatons deux grands types d'impulsivité : la spontanéité qui est l'impulsivité qualité et l'impulsivité maladie qui est source de souffrance pour soi, et plus souvent pour l'entourage.

Où vous situez-vous ? Votre impulsivité est-elle une de vos qualités ou bien la subissez-vous ?

Dans la deuxième colonne mettez une flèche vers la réponse qui vous ressemble.

Suis-je impulsif ou spontané ?

Impulsivité qualité	Je suis impulsif...	Impulsivité maladie
Parfois.		Trop souvent.
Je ne le regrette jamais.		Je regrette après.
Cela fait plaisir aux autres.		Cela fait peur aux autres.
On me complimente pour cela.		On me le reproche.

De quel côté penche la balance ?
À gauche, votre impulsivité est une qualité.
À droite, votre impulsivité peut devenir une maladie.

Grands et petits impulsifs

Jeanne change le mobilier de son salon régulièrement. *« J'aime beaucoup les meubles modernes, mais je m'en lasse aussi assez vite. Alors j'achète une chaise sur un coup de cœur. Le temps passe, je vois la chaise tous les jours. Un jour, je me dis : si je changeais ? Mais quand même, elle a coûté assez cher, alors je la garde. Mais l'idée est là et grossit dans ma tête. Et d'un coup, du jour au lendemain, je la prends et je vais la jeter à la déchetterie. Je ne cherche même pas à la donner parce que sinon, je me connais, je repousse, je repousse. Il faut agir, tout de suite. »*

Jeanne m'expliquait très sérieusement :

« Vous savez, docteur, je ne suis pas une impulsive. Mais parfois je pète les plombs, c'est tout », minimise-t-elle.

Tant que Jeanne ne s'endette pas pour changer ses meubles, qu'elle reste heureuse de ses choix « coup de cœur », et surtout que tout son quotidien n'est pas trop soumis à ceux-ci, son impulsivité reste modérée et ne pose pas vraiment de problème. Jeanne s'en arrange plutôt bien, et les conséquences ne semblent pas dommageables.

Pierre, lui, est un grand impulsif.

« Je suis un bon vivant. Il faut bien profiter de la vie ! Le meilleur moyen, c'est d'écouter son cœur, dans l'immédiat. J'ai envie de vin ? La belle affaire ! Je bois. J'ai envie d'une cigarette ? Pas de problème, je vais fumer. Mauvais pour ma santé ? Il faut bien mourir de quelque chose. Et au moins, j'en aurai profité à fond. »

Le problème de Pierre n'est pas tant sa santé que ses explosions d'impulsivité. Être un bon vivant, pourquoi pas, mais quelle est la bonne limite, justement ? La santé peut être effectivement un thermostat entre l'usage et l'abus de certaines gourmandises. Mais Pierre ne sait pas s'arrêter, un verre, puis deux, et la bouteille est vide. Il n'y réfléchit pas vraiment. D'ailleurs il éprouve beaucoup de difficultés à le reconnaître lui-même. Sa femme le met en garde : « Va demander de l'aide, je n'en peux plus. » Mais Pierre ne l'entend pas ainsi : « Mêle-toi de tes affaires ! Laisse-moi », lui rétorque-t-il souvent. Il s'isole. Et devient un bon vivant tout seul…

Si vous deviez donner un pourcentage à votre impulsivité, seriez-vous un grand ou un petit impulsif ?

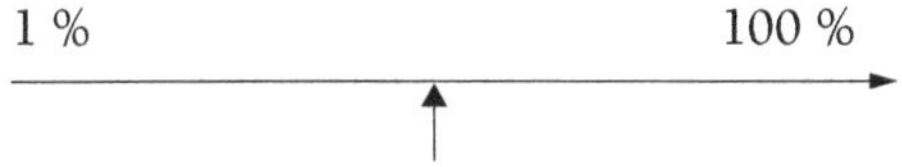

Entre la petite impulsivité, ponctuelle et sans conséquence, respectueuse des autres autour de soi, et la grande impulsivité systématique, délétère et oublieuse des autres, il existe une frontière parfois floue, mal délimitée. Un thermostat pourrait réajuster les limites entre ces deux impulsivités extrêmes. Chacun a ses propres garde-fous : dans le cas de Pierre, il s'agit de la santé, mais il en existe d'autres. Ces marqueurs de l'impulsivité peuvent être identifiés. Il s'agit de :

• La fréquence : « Je craque parfois, uniquement le week-end pour une pâtisserie, sinon je fais très attention », pour l'impulsif ponctuel. À l'opposé, l'impulsif systématique dit : « Je suis impulsif tout le temps. »

• La prise en considération des autres : « Je me contrôle toujours avec les gens que je ne connais pas, je pèse mes mots, mesure bien mes actes. Mais, quand je suis plus à l'aise, que les autres me sont plus familiers, je me contrôle moins bien, je me lâche », dit Henry. « Je fais attention aux autres, à leur avis, à leurs souhaits », pense l'impulsif mesuré. « Si les autres ne sont pas contents, tant pis pour eux ! », répète l'impulsif excessif, son impulsivité devient un problème pour son entourage.

• Les situations : « Jamais au travail, mais dans mes loisirs, j'y vais à fond, je me donne entièrement, plus rien ne m'arrête ou ne me retient », explique Alexandre, impulsif canalisé : il préserve les autres secteurs de sa vie.

Coup de sang ou sang-froid ?

La limite entre les deux extrêmes n'est pas toujours claire. En général, nous ne sommes pas impulsifs de façon continue et dans n'importe quelle situation. Il existe des impulsifs qui se dévoilent uniquement dans un domaine précis de leur vie : une personne colérique ou caractérielle peut l'être dans le cadre du cercle familial ou du couple, et rester parfaitement maîtresse d'elle-même en société par exemple : c'est le cas d'Henry.

Dans son travail, Henry est présenté comme un collaborateur toujours disponible, égal à lui-même, mesuré et très investi. Mais, à la maison, le contraire se produit : l'épouse d'Henry le décrit comme soupe au lait, incapable de supporter une contrariété, impatient et colérique. L'inverse arrive plus rarement, mais parfois on observe des personnes qui se contrôlent bien chez elles, qui sont sereines et préservées par leur famille, mais qui explosent et se défoulent sur leurs collaborateurs ou leurs subalternes. Certains sont très impulsifs uniquement dans leurs loisirs, cherchant à se défouler dans des sports extrêmes ou intenses.

Alexandre, un autre patient, est un financier stressé sur le front de la Bourse, qui évacue ses tensions intérieures en pratiquant la varappe ou des trekkings dans l'Himalaya. « Pousser mes limites est une manière pour moi d'évacuer mes tensions du boulot. Je me vide du stress dans le sport, en somme. »

Nous ne sommes donc pas impulsifs de la même manière selon les situations et selon notre environnement. Ce dernier a un effet régulateur, il amplifie ou minimise l'impulsivité.

Pour comprendre votre impulsivité, repérez dans quel cas vous êtes le plus impulsif.

Arriveriez-vous à noter votre impulsivité sur 10 dans les différents secteurs de votre vie ?

Dans mes loisirs, je suis impulsif à	...... sur 10.
Dans mon travail,	...... sur 10.
Avec ma famille,	...... sur 10.
Dans mon couple,	...... sur 10.
Avec mes amis,	...... sur 10.

Si un secteur est détaché par rapport aux autres, vous êtes comme Henry, votre impulsivité est sectorisée. Elle n'est pas forcément excessive, mais elle ne s'exprime que dans un domaine de votre vie.

Dans quel secteur le score est-il le plus élevé ? ....
....

Si aucun secteur ne ressort particulièrement, votre impulsivité n'est pas sectorisée, elle est d'un autre type. Vous pourrez mieux la définir en vous reportant aux histoires vécues des sept personnes du chapitre suivant (p. 35) et en identifiant celle qui est la plus proche de vous.

Les sept visages de l'impulsivité

Ils sont tous les sept impulsifs et pourtant leurs histoires sont bien différentes. Leurs modes de réaction et d'agissements illustrent différentes facettes de l'impulsivité. Peut-être vous aideront-ils à mieux comprendre votre impulsivité ?

➤ *Henry ou l'« effet soupape »*

Henry est un quinquagénaire entreprenant et brillant. Self-made-man, autodidacte, il se définit aussi comme un fonceur, un décideur, un tueur : « Je prends une décision très vite, et c'est ma force. Je n'hésite pas une seconde, j'écoute mon instinct. » En contrepartie, Henry reconnaît volontiers son manque de patience. « Attendre ? Très peu pour moi. La réussite, c'est de ne point ergoter. Droit au but et pas d'histoire. » Il veut pointer directement l'essentiel. D'ailleurs il comprend et analyse vite les problèmes les plus arides. Ses collègues éprouvent souvent des difficultés à suivre son rythme et se sentent parfois dépassés. Mais ce travailleur acharné reconnaît aussi que tout le monde n'arrive pas à garder son tempo. Voici pourquoi il reste en *pole position*, pourquoi il est le meilleur. Il se bat jusqu'à atteindre ses objectifs de réussite et désire rester au top. Jusqu'à ce jour, l'impulsivité d'Henry est un puissant moteur de réussite, elle constitue son énergie. Mais elle a un prix : « En famille, je ne prends plus sur moi, j'accepte d'attendre un peu, bien sûr. Ce n'est pas un simple problème d'impatience. Mon problème en famille ? J'explose à la moindre contrariété. Pourtant cela ne m'arrive jamais au travail. »

Le maintenant ou jamais, le « tout, tout de suite » est le déclencheur de l'impulsivité d'Henry. Mais, à l'origine, il existe une tension accumulée qui explose. Il suffit d'effleurer l'impatience d'Henry d'une petite contrariété pour que sa colère se déclenche. Pourtant, avec ses collaborateurs, sa colère se contient. Il en identifie les raisons : d'un côté ses collaborateurs répondent plus vite à ses ordres que ses enfants, les anticipant parfois. D'un autre côté, Henry veut donner une bonne image de lui-même, celle d'un chef solide qui ne se laisse pas submerger par ses sentiments. Alors il contrôle. Cet homme énergique est comme une cocotte-minute : il bout et fonce, mais dans son travail, il garde une soupape qui régule la pression. À la maison, dans l'espace intime, cette soupape lâche. Et Henry perd toute capacité à réguler sa tension intérieure. C'est l'explosion.

Dans ce cas, l'impulsivité agit comme un régulateur de tension interne. Le sujet se retient et assure sans cesse dans un domaine où le contrôle est de mise : et l'univers professionnel est par excellence ce domaine. En famille, la tension s'échappe brutalement sans être canalisée : un brutal jet de vapeur d'impulsivité.

➤ *Camille ou l'« effet tout ou rien »*

Camille est une artiste en vogue. Jeune femme de 30 ans, elle se décrit comme particulièrement sensible, à fleur de peau. « Je vis dans l'émotion en permanence. Si je ne ressens pas les gens, mes rencontres amoureuses comme amicales à fond, intensément, alors je me sens comme morte. Je ne me comprends pas toujours moi-même. Dès que les autres veulent me quitter, je me sens abandonnée, une carcasse vide. Je suis un vase sans fleurs et les gens sont les couleurs et les parfums qui m'animent. Une simple phrase peut me briser. Du coup, je réagis brutalement, à l'extrême ; parfois alors même qu'il ne s'agit que d'une vague impression de vide. »

Camille peint beaucoup, son travail est une vraie priorité et elle explique suivre son instinct, son intuition au gré de la toile. Elle se présente comme une perfectionniste de l'émotion.

« Je détruis toutes mes toiles, d'un coup, comme ça. Cela m'arrive de plus en plus régulièrement. Mes amis sont épuisés de mes sautes d'humeur. »

Elle n'arrive pas non plus à s'intégrer dans un groupe, elle n'y trouve pas sa place, et ses proches le lui reprochent. « Chaque fois qu'on va ensemble en randonnée, elle part de son côté sans prévenir et nous laisse en plan. Alors on s'inquiète, on ne sait pas où elle a disparu, et plus tard, elle revient comme si de rien n'était. »

Chez Camille, l'impulsivité est une manière de lutter contre son vide intérieur. Elle se sent vivre dans et par la présence des autres, elle éprouve sans cesse avec avidité le besoin d'être assurée de leur amour, de leur attention. De ce fait, elle est assez exclusive dans ses relations. Ainsi, quand elle se sent vide, et que les mots ne suffisent plus à exprimer son malaise, elle se laisse entraîner par ses impulsions. « Finalement, parler c'est agir, alors agir c'est une façon de parler », philosophe-t-elle.

Ici, l'impulsivité n'est ni régulée ni contenue : elle est présente ou absente, en mode « on-off », en tout ou rien, sans juste milieu. La sensation de vide de Camille est telle qu'elle doit agir vite sans pensée préalable, sans réflexion. Son vide est tellement intense que l'impulsivité agit comme un réflexe.

➤ *Pierre ou l'« effet régression »*

L'épouse de Pierre cherche conseil auprès d'un psychiatre : « Mon mari est soupe au lait. En plus il boit. Que dois-je faire ? »

Pierre précise : « J'ai envie de boire, ce n'est pas interdit, que je sache ! »

Dans l'histoire de Pierre, on apprend qu'il a gardé une grande complicité avec sa mère. D'ailleurs, son épouse partage beaucoup de points communs avec elle : elles sont toutes deux des femmes énergiques, entreprenantes, qui tiennent leur maison et leur quotidien avec enthousiasme, passion et méticulosité. Elles gardent un œil sur tout, tout est sous contrôle. Pierre admet qu'il se sent parfois un peu infantilisé. Il y trouve son compte par ailleurs et le reconnaît volontiers : « C'est agréable de rentrer du travail et de mettre les pieds sous la table. Mon linge est parfaitement repassé, la maison nous fait honneur quand des amis viennent. C'était pareil quand j'étais petit ; ma mère gouvernait à la maison. Elle était sévère mais juste, attentive à chacun. Elle savait donner à chacun d'entre nous l'impression d'être son préféré. »

Lorsque la mère de Pierre est décédée, il a perdu pied. Avant cet événement, Pierre buvait de manière festive, mais à partir de là il a commencé à boire un apéritif seul, tous les soirs, avant le dîner. Les doses ont augmenté, les bouteilles étaient vidées chaque fois… Pierre a sombré et est devenu dépendant à l'alcool. Avec l'alcool, il se donne l'impression de ne plus pouvoir contrôler ses colères. Toute retenue tombe. À la moindre imperfection, à la moindre anicroche, il s'agace prodigieusement. « Chaque fois que je suis irrité, cela me rappelle que, lorsque ma mère vivait, tout était parfait, tout le monde était bien et heureux », généralise-t-il.

Pour Pierre, le deuil de sa mère est à l'origine de son impulsivité. Sa chère disparue représentait un garde-fou, un rempart contre son impulsivité. Depuis cette perte, il ne se retient plus. L'impulsivité essuie la tristesse de Pierre. Comme un enfant qui ne trouve pas les mots pour décrire ses sentiments, il crie, passe à l'acte brutalement, il s'emporte. L'alcool tient le rôle de désinhibiteur. Pierre ressent un mélange flou de tristesse et de colère depuis le décès de sa mère. Un verre déclenche son impulsivité. Elle est un mode d'expression de ses émotions complexes, une manière pour lui de régresser comme un enfant à qui sa maman manque.

➤ *Marie ou l'« effet envie »*

La mère de Marie se sent impuissante devant les impulsions de sa fille. Elle est venue chercher des recettes pour l'aider. Marie est une jeune fille très vivante, joyeuse, enthousiaste et plaisante. Elle est à l'aise dans ses relations affectives. Elle se décrit comme hédoniste. Mais, aux yeux de sa mère, elle apparaît plutôt insouciante, incapable de sacrifier un plaisir immédiat pour préserver un bonheur ultérieur. « Parfois même Marie abuse franchement, elle ne sait pas s'arrêter. Un jour, elle voit une jolie paire de chaussures dans une vitrine. Elle la veut. Pas de problème. Mais elle ressort du magasin avec quatre ou cinq paires de chaussures. Le pire, c'est qu'elle n'a même pas acheté celle vue en vitrine. »

L'envie tout de suite, d'accord. Mais l'envie change vite et elle est fluctuante. Alors Marie se demande si elle n'est pas le pantin sans volonté de ses envies. Parfois jusqu'à l'absurde, elle ne sait plus si ses envies lui procurent du plaisir. Elle y succombe mais ne ressent plus de joie, juste de la culpabilité.

Pour Marie, vivre c'est suivre ses envies. L'immédiat prime et domine, en somme. Elle justifie son impulsivité par : *Carpe diem, carpe horam*, « Cueille le jour présent, cueille l'heure ».

Une envie pointe dans son cœur, elle se laisse entraîner par celle-ci, n'arrive pas à s'arrêter. L'envie grandit, le geste se répète et s'amplifie. Marie est incapable de s'arrêter une fois lancée. « J'ai envie maintenant ! Tout de suite ! Si je ne vis pas pleinement et immédiatement, je me sens morte. » Mais parfois ces moments d'impulsivité pour assouvir ses envies perdent leur dimension de plaisir. Alors il ne lui reste plus que l'impulsion, la conscience de celle-ci et son corollaire la culpabilité. Mais guère plus de satisfaction…

L'impulsivité est la gâchette, elle claque comme le déclencheur de la répétition d'un comportement qui se laisse dépasser par lui-même. Le geste impulsif intervient avec une envie soudaine. L'envie s'apaise vite et disparaît, mais le geste se répète et s'emballe.

➤ *Karim ou l'effet « dégage ! »*

Karim est un adolescent en pleine crise. Il vient en consultation accompagné de ses parents. Le dialogue est difficile :

— Il casse tout à la maison. Maintenant nous habitons un champ de bataille. En plus, on ne se parle plus.

— Faut me laisser tranquille, interrompt Karim avec brutalité.

— Mais on te laisse tranquille.

— Non ! Tout le temps : « Ne fais pas ci, ne fais pas ça ». Vous me gavez à tout surveiller. À tout contrôler.

— Tu exagères. On ne peut rien te dire. Tu n'acceptes aucune remarque. Mais c'est pour ton bien ! Tu sais, on t'aime, c'est pour cette raison qu'on fait attention à toi.

— Vous m'étouffez !

Les échanges à la maison virent au pugilat. Les murmures d'amour deviennent opprobres et cris de haine. La famille se sent disloquée. Les parents voudraient être proches de leur fils comme avant. Ils ont l'impression de ne plus le reconnaître depuis qu'il est devenu adolescent. « On vit comme des étrangers. » Et Karim, lui qui veut s'émanciper, qui veut « de l'air », croit qu'en parlant avec ses parents il pourrait « être contaminé par leurs idées de vieux et que, de toute façon, ils ne comprendront rien à ce qu'il ressent ou attend de la vie ». La moindre remarque, le moindre commentaire de leur part déclenchent chez lui une fureur incoercible. Il amplifie chacune des phrases de ses parents qu'il ressent comme une agression personnelle, une entrave à son désir d'autonomie.

L'impulsivité de Karim est un moyen de repousser ses parents pour tenter de grandir par lui-même, selon ses propres références. Elle est une sorte d'outil de protection contre la fusion qui lui permet de se détacher d'eux. Il réagit d'un simple déclic, violemment, pour jeter la parole de ses parents loin de lui, une manière de dire : « Tais-toi ! » Karim ne veut pas parler, il veut agir : « Pousse-toi de ma vie ! » Agir par lui-même, excepté qu'il s'exprime de manière peu claire et brutale.

➤ *Jeanne ou l'« effet éponge »*

Jeanne est une femme fragile et douce. Sa voix est claire et apaisante. Elle sourit beaucoup, n'interrompt jamais son interlocuteur, s'efface pour laisser aux autres pleines latitudes. Jeanne est réservée, presque inhibée, elle ne supporte pas les conflits et arrondit sans cesse les angles pour épargner les uns et les autres mais souvent à son détriment. Jeanne m'explique : « J'accumule, j'accumule et d'un coup j'évacue. »

Un peu comme une éponge, Jeanne absorbe les tensions des uns et des autres, les siennes aussi. Dès le début des conflits, elle s'imprègne sans le ressentir des difficultés et des problèmes de ses proches. Elle les fait siens. En plus, elle enfouit au fond d'elle ses préoccupations sans oser se l'avouer ou en parler. Ses soucis s'accumulent les uns sur les autres, strates après strates, se mélangeant, s'amalgamant comme le limon d'une rivière. Mais, au bout d'un moment, la coupe est pleine, une nouvelle goutte d'eau fait déborder le vase. Jeanne « pète un plomb », selon sa formule. Elle sature, elle déborde subitement.

Jeanne estime qu'il ne faut pas parler de ses inquiétudes de peur de gêner les autres, de peur de devenir un fardeau pour les autres. Jeanne souffre de son altruisme : à force de se tourner vers autrui, elle oublie sa personne. Elle ne voit pas ses propres préoccupations et se concentre sur celles des autres. Hélas, elle ne fait pas la différence et a ses propres soucis mêlés à ceux d'autrui, sans qu'ils soient mis à distance ou séparés, ce qui la conduit à les confondre. Alors, bien sûr, il arrive un moment où elle déborde dans un effet de trop-plein.

L'impulsivité de Jeanne est un moyen de se décharger. Elle essore l'éponge en quelque sorte. Quand elle explose, elle vidange l'excès de ses tensions intérieures, au moment où ses problèmes accumulés deviennent trop lourds à porter. Juste trop.

➤ *Alexandre ou l'« effet silence »*

Alexandre a du mal à trouver les mots. Alors, quand il ne va pas bien, il frappe.

Alexandre est un grand sportif et un battant. Il travaille dans la finance et y est soumis à de fortes pressions de rentabilité, de réactivité, de prise rapide de décision. Il vit en permanence sur ses limites et les repousse incessamment. Sa seule difficulté est de parler, car ce n'est pas son style de s'épancher dans de longs discours. Il se veut fort et imperturbable : « Je suis d'acier et non pas de larmes ! » Il n'aime pas s'exprimer et se présente comme un peu renfrogné et rude dans ses relations, exigeant envers lui-même comme envers les autres. Il aime à se répéter qu'il est un éternel solitaire aussi bien dans son travail que dans ses loisirs : seul face aux chiffres de la Bourse, seul face à une falaise dans sa pratique de la varappe, toujours sur le fil du rasoir. Hyperactif et s'opposant aux verbiages complaisants, il éprouve de grandes difficultés à lire en lui ses propres sentiments, à décrire sa peur de mourir sans laisser de trace. Pourtant, il ressent au fond de lui comme une urgence de vivre, une lutte contre la mort quotidienne, avec l'impression que chaque seconde le rapproche de l'instant définitif de sa mort. Vite, fort, loin.

Il raconte : « Un soir, j'étais chez des amis. On parlait de nos projets, de nos vies, de nos choix. Un de mes amis me cherchait dans la discussion, le ton montait. On s'enflammait. J'avais une drôle d'impression au fond de moi, comme un poing sur le sternum qui appuyait fort et m'étouffait. Je crois que cela venait de cet ami qui me poussait dans mes retranchements. Alors je lui ai flanqué mon poing dans la figure. Ça a jeté un froid… ».

Une autre fois, c'était lors d'une course d'escalade qu'Alexandre avait perdue. Le vainqueur exprimait un peu trop fièrement sa supériorité. Alexandre, oppressé, l'a agressé physiquement.

« Maintenant, je sais comment évacuer. Quand on me cherche on me trouve. »

Alexandre éprouve un sens inné de la justice, mais, plutôt que d'argumenter pour défendre la veuve et l'orphelin, il applique l'argument de ses poings dans la figure de ses détracteurs.

L'impulsivité d'Alexandre est sa méthode de communication avec lui-même comme avec les autres, hélas. Parfois considéré comme un psychopathe, il n'a peur de personne, mais il est aussi un battant, un vainqueur. L'impulsivité d'Alexandre est son mode d'expression.

Ces sept modèles d'impulsivité sont autant de rencontres. L'impulsivité vue de loin forme un arc-en-ciel. *A priori*, l'impulsivité est loin de nous, en nous décalant un peu, nous pourrions ne plus la remarquer, oublier ou même nier qu'elle nous concerne. Mais, si on se regarde un peu en face, on peut voir qu'il y a toujours une part d'impulsivité présente dans nos manières d'être. L'impulsivité est toujours là et offre un registre étendu de la qualité à la maladie. Elle s'intègre entre l'orage et le beau temps, entre l'eau et la lumière. Elle a surtout plusieurs teintes et peut se décomposer en diverses couleurs, bien distinctes les unes des autres.

Mesurer l'impulsivité : la psychométrie

Pour mesurer plus précisément son impulsivité, il existe de nombreux questionnaires validés scientifiquement et utilisés en psychologie[1]. Ces questionnaires quantifient l'impulsivité. Ils peuvent s'avérer utiles en recherche clinique pour comparer les individus entre eux. Voici les autoquestionnaires les plus utilisés, à titre informatif.

Échelle	Auteur (année)	Nombre d'items
BIS-10	Baratt (1993)	34
BIS-11	Baratt (2000)	30
FIDI/DII Échelle d'impulsivité fonctionnelle et dysfonctionnelle	Dickman (1990)	23
KSP Karolinska Scale of Personality	Shalling (1983)	10
Échelle d'impulsivité non-conformité	Chapman (1984)	51
IVE-7 Impulsivity – Venturesomeness – Empathy	Eysenck (1985)	54
Inventaire d'hostilité BDHI	Buss & Durkey (1957)	75
Échelle d'impulsivité	« Plutchik (1989) »	15

CHAPITRE 2

Quelles sont les conséquences de l'impulsivité ?

L'impulsivité est la cause attribuable à de nombreux comportements : par exemple casser les assiettes lors d'un conflit conjugal, gifler sa fille alors qu'elle traverse la rue sans regarder, trépigner puis quitter une trop longue file d'attente au cinéma, s'endetter d'un coup en achetant une voiture sur un coup de tête, hurler contre un inconnu qui vous a un peu bousculé dans la rue… Ces comportements peuvent parfois devenir problématiques. Voici une liste de conséquences qui n'ont aucun lien entre elles excepté qu'elles sont toutes déclenchées par notre impulsivité. Peut-être certaines vous concernent-elles, plus ou moins. Quantifiez ces conséquences par rapport à vous, selon qu'elles vous représentent vraiment (10), moyennement (5) ou pas du tout à (0). Voyons donc les conséquences de votre impulsivité :

Les conséquences de l'impulsivité	Note sur 10
Je prends une décision sans tenir compte de tous les éléments du problème.	
Je ne me contrôle pas.	
Je pique des colères.	
Je déclenche vite des conflits.	
Je détruis des objets, casse du mobilier.	
Je ne réalise les conséquences qu'après avoir agi.	
Je peux être violent physiquement.	
Je suis hyperactif.	
Lors d'une discussion, j'interromps facilement.	
Je n'arrive pas à garder un secret.	
Je réponds avant la fin des questions.	

Ces quelques exemples sont fréquemment retrouvés auprès de nos patients. Mais, chaque individu étant unique, vous identifierez sûrement d'autres conséquences à votre impulsivité. Essayez de les lister le plus honnêtement possible :

Comportement problème n° 1 : ....

Comportement problème n° 2 : ....

Comportement problème n° 3 : ....

Comportement problème n° 4 : ....

Comportement problème n° 5 : ....

Ce test montre que l'impulsivité a des conséquences bien différentes pour chacun. Il peut vous aider à mieux réaliser les effets de votre impulsivité. Regardez vos réponses : les effets sont-ils graves ou finalement acceptables ? Certaines conséquences peuvent rester dérisoires, et au fond ce n'est pas bien grave. D'autres sont plus gênantes, peut-être même vos proches vous expriment-ils des reproches. Ce point mérite donc d'être exploré.

Les conséquences de l'impulsivité sur l'entourage

Une méthode pour séparer l'impulsivité maladie de l'impulsivité qualité est de considérer la relation à notre entourage proche et plus lointain.

➤ *L'impulsivité perturbe le cadre relationnel*

L'environnement de la relation est nommé le cadre relationnel. Le cadre relationnel comprend l'ensemble des lois, des règles et des rituels applicables à tous les individus concernés par la même relation à un moment donné, le lieu importe peu en fait. Un cadre relationnel bien connu est la « netiquette » qui s'applique à tous les utilisateurs d'Internet. Elle représente l'ensemble des codes de bonne conduite sur Internet. La courtoisie est un autre type de cadre relationnel, pas encore trop démodé, avec des formules de politesse du genre : « Bonjour monsieur, bonjour madame. Je vous en prie. S'il vous plaît. Merci… »

Vous l'avez déjà compris avec l'évaluation des conséquences de l'impulsivité : les conséquences peuvent toucher les objets ou heurter les gens. Les objets sont cassés, maltraités, ils peuvent aussi être le reflet d'une prise trop rapide de décision, vite achetés, vite utilisés, vite abandonnés.

Camille, peintre, précise : « Je peins méticuleusement, j'applique toute ma sensibilité sur la toile en détail et en couleurs, mais je suis capable de tout jeter sur un coup de tête comme si tout cela n'avait plus du tout d'importance. »

La mère de Marie reprend l'histoire de l'achat frénétique de chaussures par sa fille : « Cet exemple résume bien tous les autres ! Un jour, Marie est revenue avec une dizaine de paires de chaussures différentes. Elles n'avaient aucun point en commun, je ne pouvais même pas me dire qu'elle avait hésité entre l'une ou l'autre et que dans le doute elle en avait acheté deux ou trois. Non ! Là, des sandales en tissu, en cuir, ici, une paire de bottes, des petites bottines à talons, à semelle plate, sans lacets… Une vraie vitrine. J'avais l'impression qu'un représentant venait me faire son boniment ! Vous savez ce que ma fille a répondu à mes cris : “J'avais envie, c'est tout.” Comme si cela ne représentait rien. »

Les gens peuvent être heurtés par l'impulsivité de leurs proches. La mère de Karim s'effondre en pleurs : « Autrefois on passait plein de bons moments ensemble. Maintenant, quoi que je fasse, il s'énerve. Je lui prépare ses plats préférés, il jette l'assiette contre le mur et claque la porte. Juste parce que je lui demande comment il va à l'école. Je suis complètement désemparée. Si mon mari le punit, il donne un coup de poing contre le mur. Si j'essaye de lui faire plaisir, c'est encore l'échec. Parfois j'ai peur qu'il me frappe. »

➤ *Les dégâts relationnels de l'impulsivité*

La gravité des conséquences de l'impulsivité peut être évaluée selon la valeur de la transgression. Nous pouvons dégager trois strates à franchir par niveau d'importance. Ce sont : la transgression des rituels au sein d'une famille, d'un groupe, la transgression des règles de savoir-vivre et, plus grave, la transgression de la loi.

Quand on est trop impulsif, en ne respectant pas les rituels on ne se fait pas que des amis

Le rituel rassemble un ensemble de codes de communication propres à un groupe de personnes. Ces codes permettent d'assurer la cohésion du groupe. Ils peuvent être des gestes d'intimité, comme une main sur l'épaule pour encourager, une bise sur la joue une fois, deux fois, parfois trois pour dire bonjour. Ces petits gestes sont culturels ; ainsi, pour se saluer, on s'embrasse plus dans le Sud de la France que dans le Nord, ou encore pour certains groupes toucher l'autre pour lui parler apparaît comme un geste commercial alors que pour d'autres il représente un signe de proximité affectueuse. La transgression de ces rituels augmente l'angoisse. Le Parisien qui descend à Marseille est tout de suite repéré quand il n'offre que deux bises alors que les autres vont généreusement à trois. Un autre exemple porte sur le non-respect des rituels de coucher de certains d'entre nous qui nous empêche de nous endormir. Les rituels les plus connus sont les codes de courtoisie. Aucune loi ne les impose, mais ces codes signent l'appartenance à un groupe, à une communauté. Ce sont des gestes d'intimité, car, quand ils sont respectés, on se rapproche les uns des autres, on se fait plus confiance et on peut se parler plus honnêtement, plus spontanément. Un autre rituel est de ne pas oublier l'anniversaire de son amoureux, au risque de subir son ire. Ou encore un exemple concernant la ponctualité : s'agissant d'un rituel bien connu, je n'ai jamais trop compris s'il fallait arriver avec quinze minutes de retard ou pile à l'heure pour un repas chez des amis.

Lorsqu'on s'affranchit des règles, l'impulsivité peut exclure

Les règles sont les principes qui réglementent une communauté donnée. Pour appartenir à cette communauté, chaque membre est tenu de respecter ces règles. En général, le non-respect de ces règles est soumis à l'exclusion de la communauté. Par exemple, on demande à chaque vacancier de signer la charte de bienséance d'un camping. La charte comporte les règles de bonne tenue : on respecte un niveau sonore correct, on ne laisse pas traîner ses détritus, on s'habille de manière décente… En cas d'irrespect de ces règles, le directeur du camping n'interpelle pas les forces de l'ordre, mais demande à l'estivant irrespectueux de quitter le camping. Les règles ne s'appliquent qu'au camping, mais elles permettent la reconnaissance des campeurs entre eux. Les règles permettent la cohésion d'un groupe donné, son harmonie, et confortent la place de chacun de ses membres. Toutes les familles possèdent leurs règles propres : la place de chacun à table, l'attribution des tâches domestiques, la manière de se parler entre les générations, l'expression du respect aux uns ou aux autres. Ces règles ne sont pas toujours clairement exprimées et peuvent être implicites. Par exemple, la mère gère les courses alimentaires, mais le père assure la maintenance et le bricolage de la voiture, les enfants se confient plutôt à l'un ou à l'autre, et inversement un des deux parents garantit plus facilement l'autorité. Les règles favorisent des rapports harmonieux où chacun trouve sa place. Elles n'ont pas force de loi, mais leur transgression conduit au désarroi ou à des sanctions. Ainsi, les parents de Karim ressentent que l'impulsivité de leur fils suscite le chaos dans les rapports intrafamiliaux. « On ne se parle plus. » Plus encore quand on explore les rapports familiaux.

La mère : « J'ai peur dès qu'il rentre de l'école, alors je m'enferme dans la cuisine pour préparer le repas. »

Le père : « On n'ose même plus lui demander comment il va, alors comment lui dire de changer d'attitude ? »

Transgresser la loi par impulsivité peut conduire à la prison

La loi constitue l'ensemble des principes incontestables qui s'imposent à toute la société. La loi est collective. Il n'est pas concevable de la transgresser sans basculer dans le délit. Les lois représentent les grands interdits, mais aussi les devoirs et les droits de tout un chacun.

La loi régule les actes et les faits dans la cité. Elle sépare les actes autorisés, légaux, permis, des actes illégaux, interdits de manière binaire. Certains comportements illégaux conduisent les juges à requérir une expertise psychiatrique pour comprendre comment un individu a pu commettre tel ou tel acte. Le travail de l'expert psychiatre est d'analyser la trajectoire personnelle du sujet jusqu'à la perpétration de l'acte. Un des traits les plus fréquemment retrouvés chez les personnes rencontrées lors des expertises psychiatriques est l'impulsivité : « Elle me plaisait cette caisse, alors je l'ai piquée ! » ; « J'ai craqué pour avoir ma poudre, j'ai volé, je ne sais pas ce qui m'a pris » ; « J'étais en manque, j'ai volé ma poudre », pour le toxicomane en manque ; « Elle était canon, ça m'a excité, je me la suis faite, mais j'ai fait une connerie », pour l'agresseur sexuel ; « Elle m'a contrarié alors je l'ai tuée », pour le meurtrier. L'impulsivité au regard de la loi est jugée sur le plan judiciaire ou a des implications psychiatriques. La transgression de la loi par un acte impulsif peut être rapprochée de l'impulsivité maladie.

Alexandre raconte l'épisode suivant : « Les beaux jours arrivant, je me promène en ville. Je traverse une rue. Une voiture arrive à toute allure et manque de peu de m'écraser. Elle s'arrête un peu plus loin, le long d'un trottoir. Ulcéré, je me rapproche et j'arrache les rétroviseurs, je balance tous les coups de pied possibles dans la carrosserie. Les trois passagers me regardent bouche bée. Mais je ne m'arrête plus. Je tape comme une bête en furie. Là, les trois bonshommes sortent et me plaquent sur le capot. Menottes. C'était une voiture banalisée avec trois policiers dedans… »

L'impulsivité extrême devient une difficulté médico-légale. Les personnes souffrant d'une impulsivité grave comme Alexandre sombrent plus facilement que d'autres personnes moins impulsives dans le non-respect de la loi. Dans le cadre d'expertises psychiatriques requises par les juges, la question de la dangerosité revient régulièrement : « Le sujet présente-t-il un état dangereux pour lui-même et les autres ? » L'expérience montre que l'impulsivité est un trait très fréquemment retrouvé chez les délinquants ou criminels récidivistes, surtout s'il s'associe à des comportements d'addiction comme l'alcoolo-dépendance ou la prise de toxiques. L'impulsivité peut n'être que le symptôme d'une maladie mentale plus complexe ou alors être un trait de personnalité. Toutes ces pistes seront développées dans les chapitres 4 et 5.

L'impulsivité au regard de la loi est une réelle difficulté car elle pose aussi la question de la responsabilité de l'individu. Un individu impulsif est-il responsable de ses actes ? La réponse doit toujours se poser au cas par cas, de manière individuelle.

Vous-même, avez-vous une limite relationnelle que vous ne franchissez jamais quoi qu'il advienne, même quand vous êtes hors de vous ?

➤ *L'impulsivité perturbe la relation à l'autre*

Une autre façon de dissocier impulsivité maladie et impulsivité qualité est de considérer la finalité d'une relation. C'est-à-dire en se plaçant du côté de ceux qui constatent le plus souvent l'impulsivité : l'entourage de l'impulsif.

Les relations entre les personnes s'articulent autour de nombreux objectifs : passer un moment agréable, discuter simplement, se sentir rassuré, enseigner, vendre un produit, travailler ensemble, aider ou soigner, aimer, les types de relations se démultiplient à l'infini… Mais la plupart des relations saines attendent l'épanouissement de l'autre. « Il manque quelque chose à mon bonheur, celui des autres » (saint Augustin). Un des buts communs aux relations amicales ou amoureuses est le bonheur partagé ou, au moins, le bien-être commun. Dénuée de cet objectif, la relation risque de ne pas toujours être très saine ou prospère. Les relations professionnelles pourraient paraître plus utilitaires, mais, au fond, un bon chef d'entreprise cherchera le bien-être de ses collaborateurs, leur en donnera au moins l'illusion pour accroître leurs performances.

Un des éléments qui différencient l'impulsivité qualité de l'impulsivité maladie est la prise en compte de l'autre. L'autre qui nous donne nos limites et nous renvoie à nos excès. « Ça suffit ! », cette limite est franchie quand notre impulsivité dégrade ou annule notre empathie envers l'autre.

L'impulsif ne tient pas toujours compte des autres

Carl Rogers dans sa pratique de *L'Approche centrée sur la personne* (1962) définit les trois règles d'un bon style relationnel :
– l'authenticité, parfois nommée la congruence ;
– le regard positif inconditionnel ;
– la compréhension empathique.

L'authenticité est synonyme de sympathie. Son étymologie est double : du latin, *sympathia*, « accord, affinité » ; du grec, *sumpatheia*, « participation aux souffrances d'autrui, communauté de sentiments » (*sum*, « avec » et *pathein*, « souffrir, éprouver, sentir »).

Être sympathique revient à amplifier les émotions de l'autre par adhésion. Poussée à l'extrême, la sympathie devient de la compassion : on ressent l'émotion de l'autre comme la sienne propre. La compassion est une contagion émotionnelle.

En psychologie, le regard positif inconditionnel est nommé expectation positive. Certains diront l'absence totale de jugement, mais c'est plus encore. Ce regard représente l'ambition de prospérité que le thérapeute espère pour son patient. On sait que, lorsque le thérapeute regarde loin pour son patient, le patient avance plus loin dans son traitement. Inversement, quand le thérapeute attend peu de son patient, le patient stagne.

Enfin, le terme de compréhension empathique est un pléonasme. L'empathie est l'effort de compréhension de l'autre que nous mettons en œuvre dans la relation avec celui-ci. Elle est un « processus d'entrée dans le monde perceptif d'autrui qui permet de devenir sensible à tous les mouvements des affects qui se produisent en lui » (Rogers C., 1975). Mais, à la différence de la sympathie, qui est une fusion avec l'émotion de l'autre, dans l'empathie, il s'agit bien de se différencier de l'autre. Ainsi, dans la relation psychothérapeutique, l'empathie, c'est « entrer dans le référentiel de l'autre sans s'y perdre ».

L'essentiel de l'empathie se résume en trois points :

– Comprendre les sentiments et points de vue de l'autre.
– Manifester et exprimer cette compréhension.
– Rester soi-même malgré tout.

L'empathie est un bon outil pour graduer l'impulsivité.

Quand, enthousiaste et proche de l'autre, on se met à vibrer avec lui, on est « sur la même longueur d'onde » que lui, là naît une forme de complicité, d'intimité. Un geste impulsif peut surprendre mais restera dans le respect de l'autre.

Henry raconte une séance de travail avec ses collaborateurs. « C'était incroyable, on avait commencé par un *brainstorming*, les idées fusaient en tous sens, chacun rajoutait sa touche personnelle au projet. Les idées s'accumulaient mais elles participaient toutes à un ensemble cohérent. Un processus de pure créativité ! J'avais l'impression que tout le monde pouvait être soi et comprenait parfaitement la manière de penser des autres ! » À cet instant privilégié, les échanges demeuraient empathiques, très spontanés, impulsifs, mais dans une attitude de respect réciproque. Les participants s'exprimaient chacun à leur tour. Les uns et les autres étaient vigilants à laisser à chacun une place sans s'écraser mutuellement.

Henry donne un autre exemple opposé : « Le même soir, je suis rentré chez moi. Harassé par cette réunion, j'avais envie de raconter ce moment fécond et formidable à ma femme pour le lui faire partager. Mais elle faisait la tête, me reprochant de rentrer si tard. À côté, un de mes fils pleurait parce qu'il sortait d'une bagarre avec un de ses camarades. Alors j'ai explosé. J'ai cassé une chaise en deux. Je ne sais pas trop ce qui m'a pris. »

À ce moment, Henry n'a pas cherché un instant à envisager la position ou les sentiments des membres de sa famille. Chacun voulait un peu d'attention et d'écoute. Mais Henry n'a pas eu cette empathie dont il avait été pourtant si généreux au bureau. Son impulsivité n'avait rien de fécond.

L'impulsivité reste acceptable tant qu'elle s'articule harmonieusement avec les attentes des autres, considérant la place de chacun, respectant l'espace de ses proches. Henry reste empathique, attentif aux autres sans s'effacer et sans écraser ses collègues au travail, il reste lui-même et permet à ses collègues de s'exprimer. L'ambiance est sympathique et créative.

L'impulsivité devient maladie quand l'individu se renferme sur lui-même et ne considère plus les attentes ou les souhaits de son entourage : il agit sans aucune préoccupation pour ses proches. Henry se focalise sur son désir de raconter sa journée et ne réalise pas que les membres de sa famille sont aussi pris dans leurs propres préoccupations, qu'ils sont sur une autre longueur d'onde. Il n'a aucune empathie et a tendance à se bloquer sur sa propre frustration. L'ambiance est lourde, égocentrique, et chacun garde l'impression de ne pas être écouté.

Comment réagit l'entourage de la personne impulsive ?

Nous pourrions résumer à quatre attitudes émotionnelles les réactions de l'entourage des personnes impulsives. Elles traduisent une acceptation de la personne impulsive par le groupe ou la famille, ou au contraire son éloignement.

Les reflets de l'émotion

Quatre attitudes émotionnelles de l'entourage	Définition
Apathie	Indifférence
Antipathie	Opposition
Sympathie	Adhésion
Empathie	Compréhension

La sympathie et l'empathie sont les réactions prévisibles de l'entourage d'une personne animée par une impulsivité qualité. « Il n'y a de sympathie réelle qu'entre gens semblables », disait Tocqueville[1].

L'apathie est l'indifférence à l'émotion de l'autre par l'expression de sa propre fatigue, de ses préoccupations ou de son manque de disponibilité. L'apathie signale la fatigue et l'usure d'un entourage qui a épuisé toutes les solutions possibles. Les proches commencent à déprimer, ils abandonnent et perdent tout espoir d'amélioration.

L'antipathie est une opposition radicale à l'émotion de l'autre, elle montre par définition l'aversion, la répulsion, la répugnance à l'autre. L'antipathie écarte et éloigne de l'autre. L'antipathie repousse l'autre souvent violemment, par un rejet. Cette attitude traduit la colère et le sentiment d'impuissance de l'entourage. Elle survient souvent quand les proches de l'impulsif se sentent en danger. L'antipathie peut être un moyen de se protéger.

Ces deux attitudes sont des réactions fréquentes face à une personne souffrant d'impulsivité maladie.

Dans l'impulsivité maladie, l'absence d'empathie empêche tout changement et tout dialogue. Chacun se braque dans ses certitudes et ses convictions. Il arrive qu'à un moment l'entourage de l'impulsif ne veuille plus comprendre le pourquoi de ce comportement trop répétitif et destructeur. L'empathie devient impossible, parfois même intolérable. Les conséquences de l'impulsivité au sein du groupe ou de la cellule familiale ne sont donc pas sans risque.

Les risques de l'impulsivité au sein de la famille

« Il n'y a pas de pourquoi qui tienne, je ne vais pas trouver des raisons qui excuseraient son comportement. Si j'avais cassé une assiette, moi, mon père, il m'aurait déjà cassé la tête », affirme le père de Karim. « Si on vient vous voir, c'est parce que la maîtresse l'a demandé, mais nous, on veut qu'il stoppe ça. On ne veut pas comprendre. C'est tout », ajoute-t-il.

Le regard des autres sur la personne impulsive devient critique et désapprobateur. L'impulsivité devient maladie quand l'expectation positive n'est plus possible.

La mère de Marie porte encore un regard bienveillant sur sa fille : en consultation, elle vient chercher des recettes pour l'aider. Mais les parents de Karim n'en peuvent plus. Ils ne cherchent plus d'idées ou de conseils. Ils reconnaissent du bout des lèvres que, si on gardait leur fils à l'hôpital quelques jours, ils pourraient souffler un peu. Évidemment, Karim évacue tout dialogue en projetant des objets ou des insultes sur son entourage. Lors de la première consultation, Karim ne dira pas un seul mot en présence de ses parents, préférant éviter leur regard ou leurs questions, se cachant derrière une moue boudeuse et peu engageante. Le regard des parents de Karim est devenu triste puis désabusé, désespérant du moindre changement. Ainsi, les parents de Karim sont devenus apathiques, indifférents, voire hostiles et antipathiques à l'encontre de leur fils. L'impulsivité du fils a creusé un fossé entre lui et ses parents.

Quand l'impulsivité prend toute la place dans la famille, plus personne ne souhaite se réunir, et chacun oublie combien il était bon autrefois d'être ensemble. L'impulsivité déstructure la famille. On ne parle plus que de cela. On se le reproche, on s'en inquiète.

Maintenant, il faut comprendre comment on a pu en arriver là.

PARTIE 2

Comprendre l'impulsivité

Les définitions de l'impulsivité sont nombreuses, mais aucune n'apparaît consensuelle. Et pour cause, il existe diverses formes d'impulsivité. Il suffit d'en connaître quelques synonymes pour le constater : « Tu es irréfléchi » ; « Tu t'emportes trop vite » ; « Tu es colérique, soupe au lait, caractériel » ; « Tu ne te contrôles pas ! »

L'impulsivité est souvent considérée comme une tare, un défaut du caractère. Pourtant, l'impulsivité est avant tout un mouvement ; elle est en effet ce qui nous pousse à agir, « la force créant le mouvement », selon le *Petit Robert*.

CHAPITRE 3

Impulsif : l'êtes-vous toujours ou parfois ?

La fréquence de l'impulsivité est un facteur important à considérer. La majorité d'entre nous peut s'exprimer de manière impulsive occasionnellement, dans des situations spécifiques, c'est ce qui correspond à l'expression « sortir de ses gonds ».

Chez ces personnes impulsives de manière ponctuelle, on parle d'impulsivité-trait.

Camille explose et a envie de tout détruire autour d'elle dès qu'elle se sent abandonnée. Quand elle raccroche le téléphone, quand un ami quitte son appartement, elle se sent vide. Ce vide grandit en elle jusqu'à lui donner la sensation de s'effondrer dans un tournis. Comme il est difficile pour elle de trouver les mots pour le dire, alors elle casse ses objets les plus précieux, ses toiles de peinture, comme pour ne pas être la seule cassée de l'intérieur. On dira que, dans sa personnalité, elle possède cette impulsivité-trait.

D'autres personnalités sont impulsives tout le temps. Ce mode de réaction à l'environnement les caractérise. Action, réaction ! Elles réagissent ainsi en permanence quelles que soient les situations. Ces personnes souffrent très fréquemment d'un trouble appartenant au groupe des troubles de la personnalité dominés par leurs émotions. Il s'agit des personnalités antisociales, *borderline*, histrioniques et narcissiques.

Ces personnes paraissent dominées par leur impulsivité en permanence ou de manière chronique : on appelle cette forme d'impulsivité l'impulsivité-état.

Pierre est ainsi : son impulsivité est un état permanent. Il s'énerve tout le temps, pour un oui ou pour un non, souvent à la faveur d'une prise d'alcool qui le désinhibe un peu plus encore. Son épouse souffre de leurs difficultés de communication. Désemparée, elle vient nous rencontrer : « Il n'a pas toujours été comme cela. Avant le décès de sa mère, il était bon vivant, jovial même, et très attentif aux autres jusqu'à s'oublier. Maintenant, il est plus renfermé, plus secret. »

J'agis sans réfléchir

➤ *L'impulsivité comme une action*

L'impulsivité est d'abord un style de comportement. Elle représente le primat du comportement sur la pensée, c'est-à-dire la tendance à agir immédiatement en réponse à un stimulus interne ou externe. Agir sans penser[1].

Henry nous l'explique très bien : « Le soir, je rentre plutôt épuisé de mon travail. Alors quand un de mes fils tire la tête, je m'emporte immédiatement. De toute manière la fatigue m'empêcherait de raisonner ou de mettre à distance ce genre d'attitude systématiquement négative de ces adolescents en crise ! Alors je tape un bon coup sur la table au mieux, je lui assène une gifle au pire. Évidemment après j'ai honte, je regrette. Mais vous imaginez un père aller s'excuser après un tel comportement ? » Henry agit de manière réflexe, l'attitude de son fils n'est que la gâchette de la gifle qui part très rapidement. Les sentiments de regret ou de honte le submergent après coup. Puis seulement il est capable de réfléchir. La séquence est la suivante :

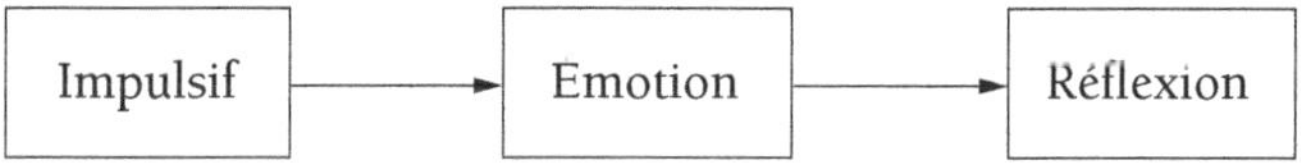

En général, la réflexion précède l'action, évidemment. Pas ici.

Pour beaucoup, elle est un trait de personnalité qui décrit les personnes qui agissent de manière brusque, irréfléchie, incapables de se contrôler elles-mêmes. D'ailleurs, les personnes impulsives reconnaissent volontiers qu'elles n'ont pas réfléchi avant d'agir. Réfléchir à quoi ? Aux conséquences du geste, bien sûr. « Je ne l'aurais peut-être pas fait si j'avais su avant, mais je n'ai pas pu m'en empêcher, c'était plus fort que moi. »

Leur comportement impulsif est qualifié d'*égosyntonique*.

➤ *L'impulsivité en miroir : impulsions et compulsions*

Un comportement est égosyntonique lorsqu'il est en accord avec les croyances des personnes. À l'opposé, les comportements ou les pensées *égodystoniques* définissent des comportements ou des pensées dont le sujet a différé l'action, car il réprimandait en son for intérieur ce comportement ou ces idées contraires à ses propres croyances. Cette différence entre égosyntonie et égodystonie est fondamentale, car elle distingue les impulsions des compulsions. La compulsion est aussi une force intérieure irrésistible contraignant le sujet à accomplir une action. Mais, à la différence de l'impulsion, le sujet lutte souvent avec angoisse contre sa compulsion.

Arnold et sa compulsion de nettoyage

Arnold se présente comme souffrant de compulsions et d'obsessions. Il dit qu'il a des pensées intrusives qui s'imposent d'elles-mêmes chaque fois qu'il serre la main d'un ami. « Sa main est sale, tu vas être contaminé. » Arnold reconnaît bien que cette pensée est absurde, que ses amis n'ont pas les mains sales. Mais il ne peut pas empêcher cette pensée de survenir en lui. Il se surprend d'ailleurs d'avoir l'envie irrésistible d'aller se laver les mains. Cette compulsion de nettoyage s'impose à lui à chaque poignée de main. Il lutte contre sa compulsion, car celle-ci est bien égodystonique. Mais finalement il se lave les mains… jusqu'à ce qu'il en resserre une autre.

Impulsion	Compulsion
Égosyntonique. Pas de tension intérieure ni de lutte.	Égodystonique (acte ou pensée désapprouvé, condamné, voire interdit par le sujet) (attribution d'un jugement). Tension intérieure et lutte.
Dirigée vers les personnes ou les objets (agression).	Mode de défense orienté vers soi.
Pas de réflexion ni d'hésitation, décharge.	Anticipation, contrainte à la répétition, soulagement partiel.

Marie est impulsive : elle ne parvient pas à différer ses envies, pas même d'une seconde. « Quand j'ai envie, c'est maintenant, tout de suite. Une paire de chaussures, une pâtisserie, un mec… Je ne fais de mal à personne, alors pourquoi pas ? » Sauf que…

➤ *L'impulsivité instantanée ou la désinhibition*

Comme l'action est égosyntonique, le sujet ne lutte pas, et l'action est bien plus rapide, quasi immédiate. Elle apparaît sans réflexion, sans ce retour de la pensée vers soi-même : réflexion à l'instar du rayon de lumière qui rebondit en partie sur la vitre (alors qu'une autre partie la traverse par réfraction). L'impulsion est donc l'affaire d'un instant : elle correspond à la tendance à agir sur l'impulsion du moment, sans aucune planification, comme si les mécanismes intrapsychiques habituels de la décision ou les modes opérationnels de fonctionnement avaient été court-circuités ou négligés[2].

L'impulsivité est marquée par l'immédiateté et la soudaineté. Un deuxième aspect comportemental de l'impulsivité est la *désinhibition*. Est impulsif celui qui agit vite, de manière explosive sans aucune capacité à différer son action. Ainsi, on ne pourra pas dire qu'Arnold est impulsif puisqu'il lutte intérieurement pour réprimander sa compulsion. L'impulsif, comme Marie, n'a pas pris le temps de réfléchir, de peser le pour et le contre de son acte. Il agit selon une boucle réflexe du type *stimulus*-réponse. On pourrait dire action-émotion car la pensée, c'est-à-dire les *cognitions*, est court-circuitée. Ainsi, pour certains, l'impulsivité implique un court-circuit cognitif.

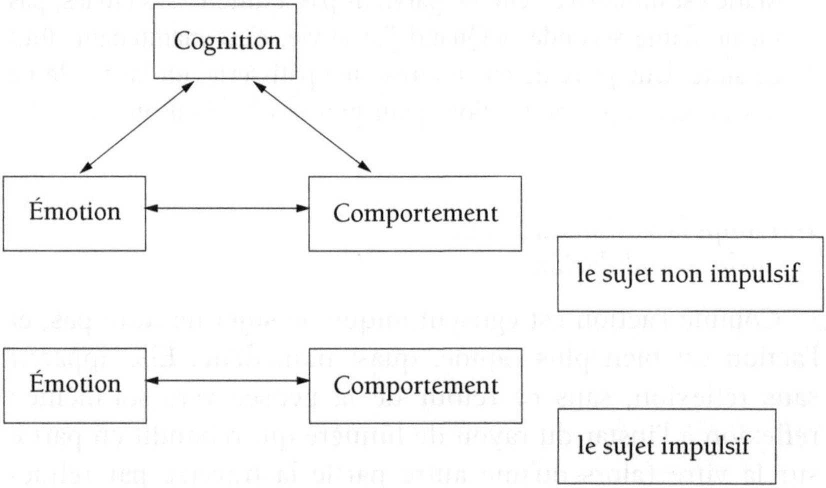

➤ *L'impulsivité est un processus*

Le comportement est un processus et peut être compris comme un enchaînement de séquences plus courtes : cette désinhibition intervient dès le début de l'action. Ainsi, pour certains, l'impulsivité serait un trouble du contrôle de l'initiation de l'action, c'est-à-dire que l'action se déclenche sans aucune planification, sans aucun projet préalable, sans intention. Dans cette définition, l'impulsivité est considérée comme un réflexe : elle est involontaire et automatique. Involontaire car n'émanant pas d'une activité mentale de planification ou d'intentionnalité, automatique sur le mode stimulus réponse. Toutefois, à la différence des réflexes physiologiques qui sont innés et donc prévisibles et immuables, l'impulsivité est acquise par apprentissage ou par éducation.

> Karim se souvient de son premier passage à l'acte agressif à l'encontre de sa mère : « Le premier matin de mes vacances, ma mère était derrière moi, elle répétait sans cesse : "Range ta chambre, que vas-tu faire aujourd'hui ? Pas encore de la console, j'espère, faut passer l'aspirateur aussi, faire ton lit, tu laisses tout traîner, fais ci, fais ça..." Genre, le gavage, quoi. Alors j'ai donné un bon coup de poing dans le mur. Ça a laissé une marque bien profonde dans le plâtre. Et là, la tête de ma mère ! J'avais mal à la main pour sûr. Mais elle a arrêté net son verbiage. »

➤ *L'impulsivité est une crise*

Une crise se produit rarement de manière spontanée. Un événement peut la déclencher comme un choc, une mauvaise nouvelle, un stress mais pas toujours. Une accumulation de petits stress peut générer une crise.

Jeanne l'explique bien : « Je fais l'éponge. J'accumule et j'explose. La dernière fois, dès le matin, les contrariétés se sont additionnées : le réveil qui ne sonne pas, le lacet de la chaussure qui casse, le café qui me brûle, la voiture qui ne démarre pas. En arrivant au travail, j'avais presque envie de pleurer. Alors, quand ma secrétaire m'a fait tomber un classeur sur le pied, je ne sais pas ce qui m'a pris, mais je l'ai giflée direct. J'ai eu honte après bien entendu, mais c'est vrai aussi que cela m'a soulagée. »

L'état de crise est un moment de déséquilibre intense. Cet état comporte plusieurs étapes.

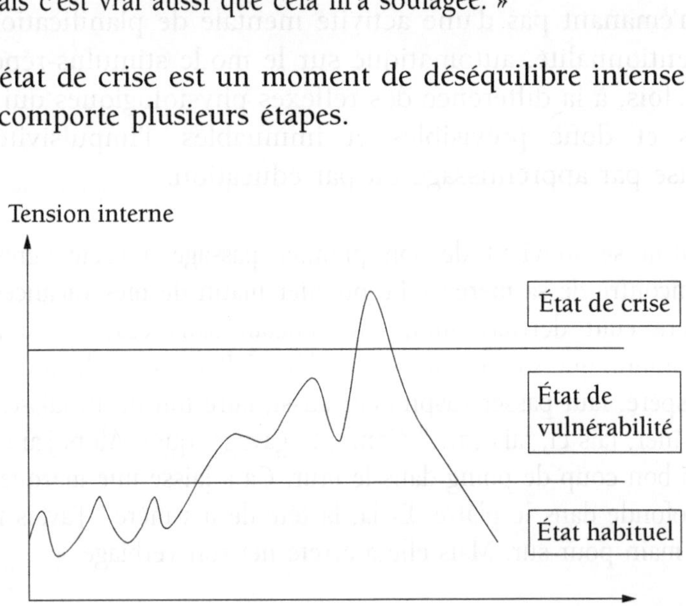

Notre tension intérieure oscille au quotidien selon un état habituel, plus ou moins, au gré des événements. Les petits tracas vont majorer notre tension intérieure. Nous mettons naturellement en place des petites stratégies de gestion de notre tension intérieure pour conserver cet état habituel : jouer avec un stylo, mâcher un chewing-gum, fumer, fredonner une mélodie…

Quelles sont vos petites stratégies d'autorégulation ?

– ....
– ....
– ....

Si les événements deviennent plus difficiles à gérer, plus stressants, notre tension intérieure dépasse un seuil d'acceptabilité, et nous sommes plus sensibles, à fleur de peau. Nos petites stratégies sont moins efficaces pour réguler notre tension qui monte progressivement. Nous passons à un état de vulnérabilité, un peu désorganisés intérieurement, plus vraiment à l'aise, tendus. Là encore, nous sommes capables de mettre en place des stratégies d'apaisement intérieur, d'autorégulation, mais ces dernières sont plus élaborées, moins réflexes et nous demandent plus d'énergie et de contrôle de soi : respirer, marcher, fermer les yeux et nous concentrer sur une image. Nous les étudierons plus en détail dans le chapitre 8, page 129. Plus nous possédons de stratégies d'autorégulation pour nous apaiser, plus nous sommes résistants au stress. En effet, lorsque nous avons épuisé toutes nos stratégies d'autoapaisement, nous passons au niveau ultime : l'état de crise. À ce stade, au sommet de la courbe, c'est l'action, le passage à l'acte qui est déclenché, et c'est donc le geste impulsif.

Mais répondez déjà :
quelles sont vos grandes stratégies d'apaisement ?

– ....

– ....

– ....

J'agis sur un coup de tête

➤ *L'impulsivité est un mode de pensée*

Alors que, pour certains impulsifs, la pensée est court-circuitée, pour d'autres, l'impulsivité est un mode de pensée, un style cognitif. Dans ce type d'impulsivité, il ne s'agit donc plus d'agir sans penser mais plutôt de prendre une décision très rapide, sans raisonnement préalable. Ces personnes impulsives pensent mais éprouvent des difficultés à échafauder une stratégie compliquée. Au fond, ces impulsifs ont tendance à réfléchir moins que les autres avant de passer à l'action alors que leurs aptitudes sont égales[3].

Certains d'entre nous précisent qu'ils avaient une pensée mais une seule. Camille le dit : « J'étais obnubilée par l'idée de détruire mes toiles après ma rupture amoureuse, jamais je n'aurais pu envisager d'autres gestes que celui-ci. Il m'avait abandonnée, je devais l'exprimer hors de moi sur un morceau de moi-même, sur mes toiles, quoi. » L'impulsivité correspond ici à l'action par saturation des pensées, monopole de la réflexion par une seule idée. Elle est la tendance à agir sur une seule et unique pensée ou sensation sans aucune considération des autres possibilités ou des conséquences[4]. L'impulsivité peut apparaître comme un acte sans autre alternative, conséquence d'une saturation émotionnelle ou par fixation sur une idée. Certains patients décrivent bien ce principe qui déclenche chez eux des achats impulsifs alors même qu'ils n'en avaient pas l'utilité. Cette mésaventure est arrivée à Marie : « Alors que je passais devant une boulangerie, une délicieuse odeur de pain chaud m'a assailli les narines. Je n'avais pas faim cinq minutes avant, mais là ça m'a déclenché une de ces fringales ! Alors j'ai craqué. »

Ces personnes agissent vite par prise rapide de décision mais uniquement dans le court terme, sans envisager les tenants et les aboutissants de leur action. Nous avons parfois ce mode de réaction, et les exemples au quotidien sont nombreux : en passant devant une pâtisserie, l'odeur nous allèche, on achète une viennoiserie par gourmandise et non par faim, un peu comme Marie ; en croisant un ami perdu de vue, on est heureux de le revoir, et on reporte nos rendez-vous professionnels de quelques minutes pour échanger quelques mots ou organiser une nouvelle rencontre. Cette prise de décision rapide est comparable à la spontanéité. Elle est la marque d'une souplesse, d'une capacité d'adaptation face à l'inattendu qui modifie notre emploi du temps rigide et parfois ennuyeux.

Cette impulsivité est normale, dès lors qu'elle se manifeste à petite dose ; comme le sel ou le piment, elle relève la saveur du quotidien quand elle n'a pas de conséquence grave. Dès qu'elle est excessive, trop fréquente ou lorsque ses conséquences sont délétères, elle devient source de souffrance pour soi-même ou l'entourage.

Considérons l'exemple de Camille :

« J'agis souvent sur un coup de tête. Cela m'arrive fréquemment, et mes amis n'apprécient plus. C'est dommage car pour moi c'est une qualité. »

Elle n'arrive pas non plus à s'inscrire dans un groupe, et ses proches le lui reprochent.

➤ *J'agis pour essayer de me calmer*

L'impulsivité peut aussi définir des actions qui paraissent pauvrement conçues, réalisées ou exprimées prématurément, des actions risquées ou inappropriées dans une situation donnée[5].

Les réactions liées au stress sont bien connues : elles sont pauvres, stéréotypées et parfois inadaptées. La finalité est la survie. Quatre types de comportements existent résumés sous la forme des quatre F : figer, fuir, feindre, foncer.

Auguste raconte une promenade dans le Vercors. Tout à coup, il se trouve témoin d'une scène totalement inattendue : un loup est en train de dévorer un mouton. Auguste marque un temps d'arrêt, il reste « figé » : « J'étais pétrifié ! Si le loup m'avait aperçu, je n'aurais pas pu esquisser le moindre geste pour me défendre. »

Il aurait pu fuir ou se préparer à combattre, « foncer », le fameux « *fight or flight* » des Américains. Une autre attitude aurait été la feinte : simuler une attaque de front et, au dernier instant, fuir.

Ces quatre attitudes sont le reflet de l'impulsivité. Elles peuvent nous sauver quand on fuit lorsqu'on n'a pas le dessus ou en situation où l'on peut faire usage de la force. Mais ces modes de réactions impulsives peuvent aussi être délétères, comme l'illustre l'histoire d'Auguste qui se fige tel le lièvre dans les phares d'une voiture.

Pourtant les émotions causées par un stimulus stressant se déclinent de manière très variée : peur, intimidation, stupéfaction, anxiété, panique, abandon, impuissance, incompétence, culpabilité, tristesse, trahison, frustration, colère…

Étymologiquement, l'émotion est déjà une incitation à l'action, elle est déjà une impulsion : du latin *movere* « mouvement », et *e-*, « vers l'extérieur », un mouvement vers l'extérieur de soi. L'émotion est l'incarnation de nos perceptions, de nos sensations et de nos représentations.

Après votre mouvement d'impulsivité, demandez-vous :

– Comment je me sens ?
– Où se loge mon émotion dans mon corps ?

Selon son intensité ou sa complexité, l'émotion submerge nos capacités d'analyse, et nous réagissons avec les quatre F – figer, fuir, feindre, foncer, qui correspondent à des comportements stéréotypés et impulsifs. Les émotions vont désorganiser la personne dans son comportement et encore plus dans ses réflexions. Quand on vit une surcharge d'émotions, notre fonctionnement devient archaïque, et nous devenons alors plus impulsifs que d'ordinaire. Pour résumer, les émotions qui sont des impulsions conduisent à l'impulsivité. On peut décomposer la séquence ainsi :

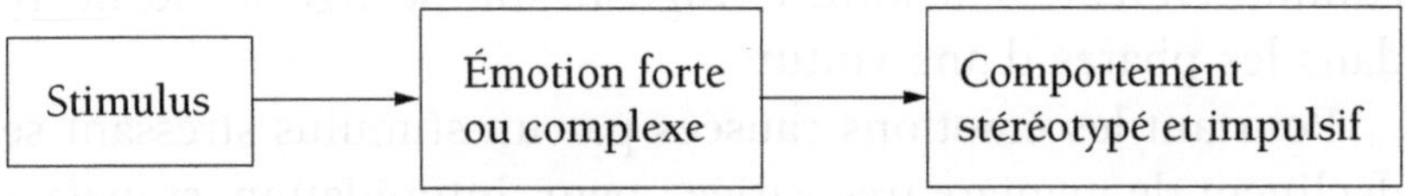

Les émotions d'intensité forte comme une violente colère ou une tristesse extrême sont progressivement abrasées par le temps. Leur expression verbale, leur partage social, selon le terme des psychologues, c'est-à-dire le fait de pouvoir en parler, accélère cette décroissance émotionnelle. Nous verrons que cette notion a toute son importance dans les traitements de l'impulsivité.

Alexandre vit une frustration : il court un cross en forêt et, quelques mètres avant l'arrivée, il trébuche, tombe et se fait doubler par un concurrent qui le talonnait. Cet échec déclenche en lui une colère incoercible qui le submerge. Il donne un grand coup de poing dans le tronc d'un arbre et se brise trois phalanges. En général, il évacue ses tensions intérieures par une agression physique sur un proche ou sur un objet de son environnement qu'il brise, jette au loin, à la différence d'une personne non impulsive qui verbaliserait sa colère. Mais Alexandre est incapable de trouver les mots pour la décrire. On parle dans ce cas d'*alexithymie* : le sujet souffre et éprouve une incapacité à exprimer ses émotions. Conséquence ? Plutôt que tenter de les verbaliser maladroitement, il préfère agir.

L'expression verbale des émotions complexes que représente l'association de différentes émotions fortes est souvent difficile et nécessite un travail d'analyse plus élaboré. Karim, que nous avons déjà évoqué, souhaiterait avoir plus d'*autonomie*. Ce qu'il veut, ce n'est pas être libre de toute contrainte mais pouvoir se fixer lui-même ses propres limites, ses règles personnelles selon l'étymologie *auto*, « soi » et *nomos*, « loi ». Se nommer soi-même par soi-même. Ainsi, Karim est partagé entre l'acte d'obéissance à sa mère, car il l'aime, et son désir adolescent de marquer une distance par rapport aux demandes de ses parents. Pris dans ce *conflit* entre deux désirs opposés, tiraillé inconsciemment dans cette lutte entre deux sentiments complexes incompatibles – obéir ou se différencier –, il agit de manière impulsive en frappant sur le mur.

➤ *Sensations, émotions, sentiments : apprenez à faire la différence*

Les émotions complexes peuvent résulter de l'association de deux types d'émotions différentes. Nous l'avons vu dans l'exemple précédent avec les émotions fortes : un mélange de colère et de tristesse. Les émotions peuvent être plus ou moins élaborées.

Schématiquement, on peut distinguer sous forme d'échelle trois degrés de complexité des émotions : les sensations, les émotions et les sentiments. Pour mieux comprendre, nous allons suivre un instant Marie qui souffre de nombreuses pertes de contrôle et en particulier au niveau alimentaire.

Les sensations du corps

Les sensations sont des perceptions corporelles. Elles sont nombreuses, ce peut être la sensation de fatigue ou *asthénie* par exemple, ou encore, pour Marie : « Quand je me retrouve seule après une séparation, j'ai mal au ventre, ça serre et ça gargouille comme si j'avais faim. »

Les émotions de notre cerveau animal

Les émotions sont classiquement décrites au nombre de six : neutralité, colère, tristesse, peur, joie et dégoût. Le dégoût est une perception située entre la sensation et l'émotion. Elles peuvent se décliner selon leur intensité. Elles sont élaborées au niveau du cerveau archaïque (système limbique).

Marie dit : « Cette douleur au ventre, c'est comme de la tristesse, alors je mange du sucré jusqu'à ce que cela se calme, jusqu'à ce que je sois consolée. »

Les sentiments de notre cerveau social

Les sentiments représentent le degré le plus complexe. Ils sont très nombreux : sentiment d'abandon, de solitude, d'échec, de rejet, de culpabilité, de honte, de trahison, d'impuissance, de vacuité, de plénitude, d'harmonie ou de béatitude, d'amour, de haine… Ils s'élaborent au niveau du cerveau « social », c'est-à-dire le cerveau supérieur, dit fronto-orbitaire, et ont pour finalité d'être communiqués. Les sentiments sont souvent moins intenses, mais plus durables que les émotions.

Marie poursuit : « En fait, j'ai cette sensation dans le ventre chaque fois que je me sens abandonnée. »

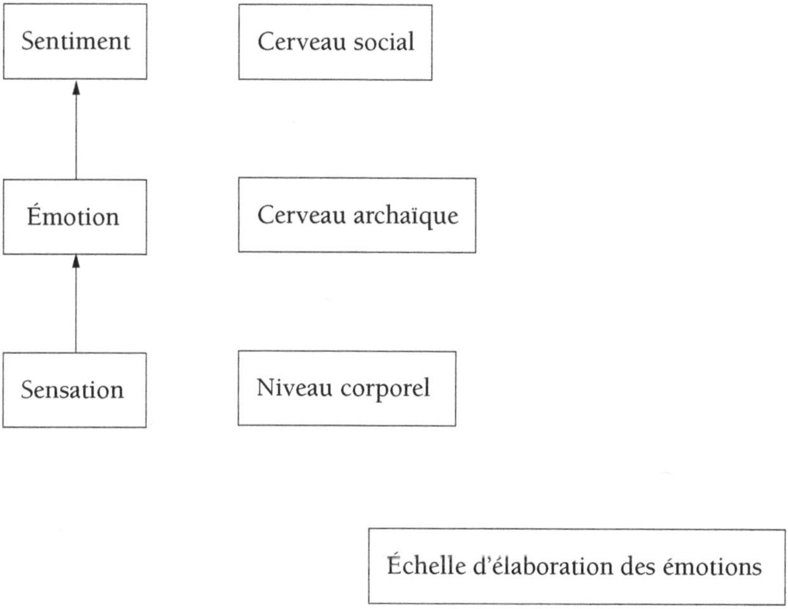

Dans cet exemple, Marie fait un amalgame entre son sentiment d'abandon et la faim ; ainsi, chaque vécu abandonnique déclenche une frénésie alimentaire de sucré. Plus encore, chaque fois que Marie se sent abandonnée, elle a cette fringale et se sent coupable. Sans pouvoir le verbaliser, elle se sent coupable d'être abandonnée… Le vécu abandonnique représente le déclencheur émotionnel du cycle de frénésie alimentaire. Les trois premières cases du cercle boulimique correspondent au décryptage de l'impulsivité de Marie : déclencheur émotionnel, amalgame sensation-émotion puis frénésie alimentaire. Le soulagement qui succède à son acte de frénésie alimentaire est secondaire et devient un *facteur renforçateur positif* de son acte impulsif, il auto-entretient l'acte. Marie dit d'ailleurs qu'elle n'envisage pas d'autre type de comportement puisque celui-ci la soulage, même temporairement. Pourtant, après cet apaisement fugace, Marie craint que son excès de sucre ait pour conséquence de la faire grossir, alors elle provoque des vomissements. Elle sort de sa « crise d'impulsivité » et entre dans un cercle dit « boulimique ».

La boulimie est une maladie psychiatrique définie par des épisodes récurrents de frénésie alimentaire : le sujet mange dans un laps de temps court (par exemple en deux heures) une quantité de nourriture largement supérieure à ce que la majorité des gens seraient capables d'ingérer en pareille durée. Pendant ces épisodes, l'individu décrit un sentiment de perte de contrôle (par exemple le sentiment de ne pas pouvoir interrompre sa frénésie alimentaire ou contrôler les quantités d'aliment ingérées). Cette maladie dans sa définition paraît bien dominée par l'impulsivité. Dans certains cas, l'impulsivité peut s'inscrire dans un trouble plus complexe et n'en représenter qu'une partie, un symptôme. Toutefois, traiter cet aspect de la maladie peut s'avérer utile. Nous le verrons au prochain chapitre.

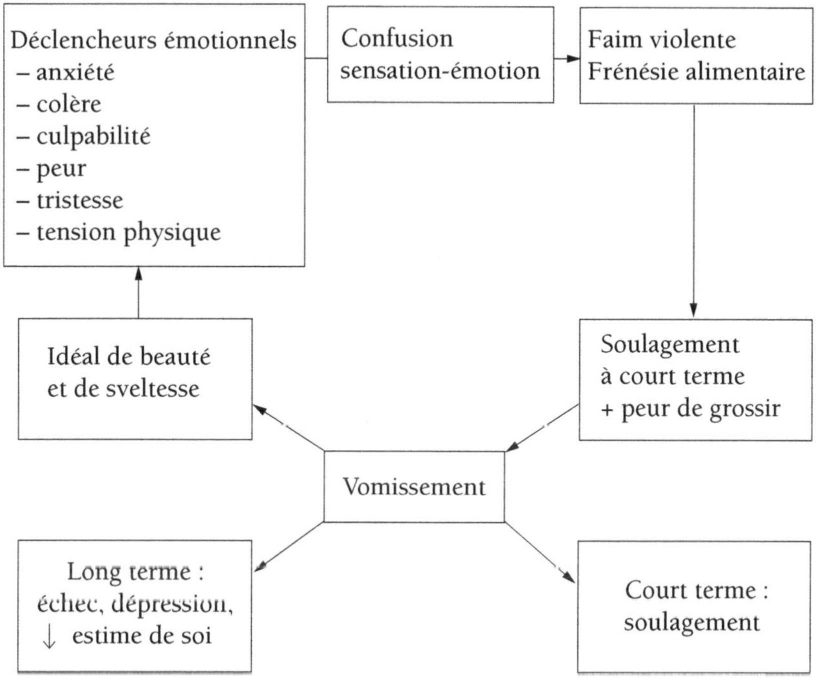

Cercle boulimique de Marie

CHAPITRE 4

L'impulsivité en psychologie : une facette de la personnalité ?

Dans l'impulsivité, la préférence est marquée pour la récompense immédiate. En général, les impulsifs privilégient le plaisir immédiat au sacrifice d'un bonheur ultérieur plus important mais différé. Ils disent : « Au moins, je sais ce que j'ai maintenant, alors que, plus tard, c'est moins sûr » ; « Tout ce qui est pris est déjà pris, je sais ce que j'ai. » À l'instar des épicuriens et des hédonistes, ils écoutent leurs envies et ne comprennent pas toujours l'importance de les refréner par respect des normes sociales ou des conventions, voire des lois.

Exemple. L'épouse de Pierre demande un avis : « Mon mari est soupe au lait. En plus il boit. Que dois-je faire ? » Pierre précise : « J'ai envie de boire, ce n'est pas interdit, que je sache. Et quand j'ai envie, c'est tout de suite. »

Que révèle l'impulsivité de la personnalité ?

La personnalité vient du mot grec *persona*, « masque ». Elle représente ce que nous montrons de nous aux autres, le reflet de nous-même, notre masque social. Au plus profond de nous, ce qui nous constitue s'appelle l'ego ou l'identité. Pour les psychiatres, la personnalité est un ensemble de traits. Ces traits interagissent entre eux et nous permettent d'avoir des représentations personnelles de notre environnement. La personnalité est donc la résultante d'une intégration de nombreuses informations filtrées par nos idées, nos pulsions, nos émotions, notre expérience. Chacun voit le monde qui l'entoure à sa façon, selon sa propre personnalité. Cette vision reste souple, mobile, plastique. Nous nous adaptons sans cesse aux autres et à notre environnement.

Les traits de la personnalité sont nombreux, ils définissent le mode de fonctionnement d'une personne, sa façon de penser, de ressentir les émotions et de réagir : soupçonneux, introverti, théâtral, timide... Un ensemble de traits de personnalités spécifiques qualifie un type de personnalité.

➤ *L'impulsif recherche des sensations*

L'impulsivité comme mode de pensée peut se transformer en trait de personnalité.

Selon les psychologues, l'impulsivité n'est pas forcément pathologique ; elle possède certaines particularités.

Certains auteurs[1] l'observent régulièrement associée à la colère. Les personnes les plus impulsives seraient aussi les plus promptes à la colère, voire à être plus agressives, ce qui est proche de notre notion d'impulsivité comme mode de gestion des émotions.

Pour d'autres auteurs, l'impulsivité est un trait associé à un mode de raisonnement particulier. La notion d'immédiateté est toujours présente, mais sur un mode cognitif : recherche de sensations, intolérance à l'ennui, absence de préméditation, manque de persévérance et distractibilité sont autant de traits présents chez les impulsifs, ce qui est proche de notre notion d'impulsivité comme mode de pensée « coup de tête ». Les psychologues utilisent un test d'expérimentation clinique particulier pour explorer ce type d'impulsivité : il s'agit du test du casino. La personne testée possède une somme d'argent qu'elle doit faire fructifier en misant sur deux types d'investissement : un investissement qui rapporte beaucoup, rapidement, mais avec de forts risques de perte, ou un investissement qui rapporte peu, plus lentement, mais avec un risque de perte faible. Les personnes impulsives misent de préférence sur le premier type d'investissement : ce choix marque leur préférence pour une récompense immédiate. La prise de risque est plus grande et traduit leur recherche de sensations. Le fait que le résultat de l'investissement soit connu rapidement évoque une intolérance à l'ennui.

➤ *Les dimensions de la personnalité*

Des auteurs[2] proposent de distinguer quatre particularités de l'impulsivité ou quatre *dimensions* différentes :

– *l'urgence*, qui fait référence à la tendance à céder à des fortes impulsions, souvent en association avec une humeur négative ;

– *le manque de préméditation*, qui renvoie à la difficulté de penser aux conséquences d'un acte avant de s'y engager ;

– *le manque de persévérance*, qui fait référence à la difficulté de rester concentré sur une tâche qui peut être difficile et/ou ennuyeuse ;

– *la recherche de sensation*, qui renvoie à la tendance à rechercher l'excitation et les sensations fortes.

En résumé, l'impulsif agit immédiatement pour rechercher des sensations, sans préméditation et sans savoir persévérer.

D'autres auteurs[3] encore suggèrent de relier ces différentes facettes de l'impulsivité à des mécanismes cognitifs et motivationnels spécifiques. Ainsi, les dimensions « urgence », « manque de préméditation » et « manque de persévérance » seraient associées à des mécanismes d'autocontrôle, alors que la dimension de « recherche de sensation » refléterait davantage des dispositions de motivation à agir. Plus spécifiquement, la dimension d'« urgence » serait reliée à la capacité d'inhiber des réponses dominantes ou fortement automatisées. La dimension de « manque de préméditation » serait en lien avec la capacité de prendre en compte les conséquences positives et négatives d'une décision sur la base d'une réponse émotionnelle associée à cette décision. La dimension de « manque de persévérance » serait associée à la capacité d'inhiber des pensées ou des souvenirs non pertinents. Enfin, la dimension de « recherche de sensation » serait le reflet d'une hypersensibilité aux renforcements positifs, aux récompenses[4]. Chaque facette est sous-tendue par un réseau cérébral spécifique.

En psychologie, la dimension de la personnalité est un axe qui relie deux traits de personnalités différents selon que leur expression dans la personnalité est plus ou moins importante. De manière caricaturale, certains auteurs relient l'impulsivité à la réflexion. Ainsi, plus le trait de personnalité « réfléchi » est exprimé fortement dans la personnalité, moins le trait « impulsif » est exprimé.

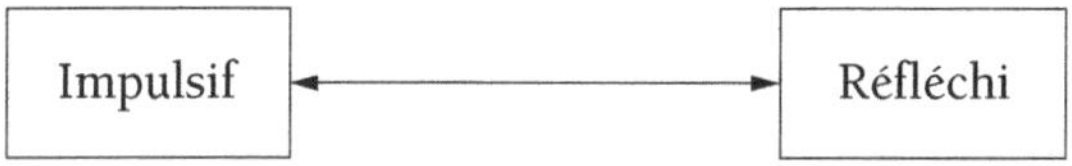

Le terme de *procrastination* conviendrait mieux que le terme de réfléchi. En effet, les impulsifs ne sont pas dénués de capacité à réfléchir, ils réfléchissent vite ou anticipent moins bien les conséquences de leurs actions. Les personnalités impulsives passent plus facilement à l'acte que les autres. À l'opposé, les personnes souffrant de procrastination éprouvent des difficultés à agir, craignant des conséquences irrécupérables à leur action.

Hermione souffre de procrastination poussée à son extrême : « Je ne sors plus le soir. Le projet d'aller au cinéma tient de la gageure. Quel film choisir ? Ne vais-je pas regretter après ? Comment acheter le billet, à la caisse, par Internet, dois-je acheter le billet de mes amis ? Ils pourraient me le reprocher. Et après, où s'asseoir dans la salle pour bénéficier du meilleur son combiné à la meilleure vue, devant, derrière, sur quel côté ? Je ne pourrai plus bouger quand le film commencera. Est-ce que je prends des pop-corn, mais le bruit risque de gêner les autres ? » Dans ce cas, bien sûr, Hermione, noyée dans moult interrogations, semble loin d'agir de manière impulsive.

➤ *« Un rien me distrait »*

Lorsqu'une personne est facilement distraite, elle a tendance à réagir à tous les stimuli extérieurs. Cette tendance à s'engager rapidement et massivement sur le plan moteur, cognitif ou émotionnel, sur le premier stimulus disponible, sans traitement approfondi, signale une faible activation liée à la notion d'hyperréactivité attentionnelle. Les personnes à faible niveau d'activation réagissent beaucoup plus vite que les autres. De fait, ces dernières vont être très impulsives au moindre stimulus ou à un signal venant de l'environnement.

Marie : « Je vois un sac à main, boum ! Je dois me l'acheter. Je vois un gâteau dans une boulangerie, paf ! Je veux le manger. »

La personne souffrant d'une hyperréactivité attentionnelle ne parvient pas à focaliser son attention longtemps, et le moindre nouveau signal la distrait. C'est le propre des enfants hyperactifs.

« Pascal est épuisant. Il n'arrive pas à dessiner plus de trente secondes, il prend un jouet, puis l'abandonne aussi vite dès qu'il en voit un autre. Il est comme monté sur ressorts, il est en mouvement incessant », expliquait la maman de Pascal, 7 ans.

➤ *L'impulsivité est-elle déclenchée par l'environnement ?*

Face à notre environnement, nous possédons la double capacité à repérer très rapidement les indices signifiants, à leur attribuer un sens et surtout une valence émotionnelle. Quand nous entrons dans une pièce qui nous est très familière, nous repérons d'emblée l'objet qui y a été déplacé, par exemple. Face à un paysage, notre regard est attiré par le détail qui semblera pertinent : le toit d'une maison, la forme inhabituelle d'un arbre, le vol d'un oiseau. Dans ce second exemple, le détail sélectionné sera plus personnel, un ornithologiste verra plus volontiers le vol de l'oiseau, l'architecte préférera regarder le toit de la maison, selon nos centres d'intérêt. Cette compétence est nommée en psychiatrie la saillance. On qualifie ainsi la fonction mentale qui permet de repérer le détail qui forme un relief par rapport au reste de l'environnement.

Précisons un peu plus : un indice signifiant est un signal ou un événement qui se distingue du bruit de fond de l'environnement. Si aucun indice n'est signifiant dans notre environnement, alors l'environnement est lisse, sans aspérité, tout est au même niveau. Quand nous entrons dans une pièce familière, nous repérons assez vite l'objet qui a été déplacé. Sans cette capacité à focaliser notre attention sur l'indice : « Qu'est-ce qui a changé dans cette pièce ? », nous ne serions pas en mesure de repérer ce qui a été modifié.

De même sur une peinture, nous arrivons à dire : « J'aime ce petit détail, là dans l'angle du tableau », parce que ce détail donne un indice signifiant, c'est-à-dire une information différente du reste de la toile, par son relief, par sa couleur, par sa forme, par son emplacement.

Mais les signaux qui font relief peuvent être intérieurs à nous-même : par exemple une douleur, une gêne, une zone de plaisir.

D'ailleurs, nous attribuons très vite un sens à ces signaux. Un sens, une signification, une croyance de l'ordre de la raison, de la cognition, dit-on : ce signal est utile ou non, il a un rapport avec un événement coïncidant ou non, etc. L'attribution de sens, c'est l'étiquette que nous collons sur l'événement. Sur cette étiquette, notre cerveau imprime un jugement, une opinion, une certitude ou une condamnation parfois. Mais on attribue aussi à ce signal une valence, c'est-à-dire une valeur, une teinte émotionnelle qui nuance le sens cognitif. Les deux attributions de sens, cognitive et émotionnelle, se nuancent mutuellement. Ainsi, nous sommes capables de dire si un signal (ou un groupe de signaux) suscite de l'aversion ou de l'intérêt.

Sur le tableau d'un peintre, le petit détail qui a attiré notre attention peut faire référence, par analogie, à un instant de notre passé, ou bien nous expliquerons savamment que le peintre voulait signifier une rupture dans son œuvre par ce petit détail. Par ce processus, nous rationalisons.

L'impulsivité peut être déclenchée par des signaux émotionnels, par un effet de *saillance* interne à nous-même. Marie, dès qu'elle se sent mal, éprouve fortement l'envie d'absorber des aliments sucrés en grande quantité, jusqu'à ressentir une sensation de plénitude, de trop-plein gastrique. « Je me sens vide, c'est peut-être de la tristesse ou de la colère, je ne sais pas trop. Mais je sais que le sucre me console et me réconforte. » Sans sombrer dans l'excès, la plupart d'entre nous repèrent l'odeur alléchante qui s'échappe de la cuisine et salivent avec bonheur. Désirant prolonger ce doux sentiment, on se persuade qu'on a faim et alors on entre dans le restaurant. C'est un effet de la saillance.

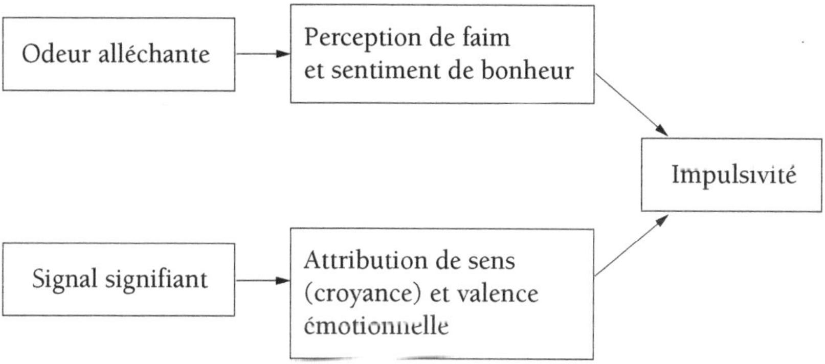

La saillance dans l'impulsivité

Le concept de saillance repose sur des observations neurobiologiques[5] : la saillance est codée dans le cerveau par la dopamine dans les circuits mésocolimbiques. L'hippocampe, partie du cerveau où est traitée l'émotion, module l'activation préfrontale du noyau *accumbens*, où est initié le mouvement moteur, le comportement. Ainsi, au niveau du cerveau, l'émotion influence le mouvement.

CHAPITRE 5

L'impulsivité est-elle une maladie ?

Le rôle de l'impulsion dans l'impulsivité

Selon les psychiatres, l'impulsion est une tendance impérieuse et irrépressible à exécuter un acte inutile le plus souvent, involontaire, incoercible. En général, l'impulsion se répète de manière inconsciente ou non et souvent sous la même forme. Deux grands types d'impulsions peuvent être décrits : les impulsions spontanées, qui dérivent de motivations internes au sujet, et les impulsions réflexes, qui sont déclenchées par des causes externes et s'expriment de manière disproportionnée, et sont démesurées par rapport à ces déclencheurs. Il existe toute une liste des troubles du contrôle des impulsions : les impulsions à boire de grandes quantités d'alcool, appelées dipsomanies ; les impulsions à partir en fugue sans but ou sans motif, appelées dromomanies ; les impulsions incendiaires, ou pyromanie ; les impulsions aux vols, ou kleptomanie. Ces impulsions parfois isolées sont souvent observées dans des maladies psychiatriques comme les démences ou des schizophrénies.

L'impulsion peut être très rapide, extrêmement soudaine et imprévisible : les psychiatres parlent alors de raptus. « Tout allait bien pour lui, il semblait heureux, énonçait tous ses projets d'avenir. Brutalement, il a sauté par la fenêtre. Personne n'a rien compris. Ses proches surpris et remplis d'effroi sont restés hébétés », raconte un collègue pour partager le drame du raptus suicidaire d'un de ses patients. Les raptus, instants brutaux d'angoisse ou de passage à l'acte, restent rares, heureusement car ils sont imprévisibles et suscitent souvent la perplexité et l'incompréhension de l'entourage. Les psychiatres qualifient d'impulsives les personnes souffrant d'impulsions.

Pour résumer, le raptus correspond à un instant, à une fraction de seconde dans la vie psychique d'un individu, alors que l'impulsion est un mouvement interne, intrapsychique qui, en s'extériorisant, déclenche un comportement soudain. Lorsque l'impulsivité se comprend dans un rapport au temps, il s'agit donc d'un raptus, et c'est de l'impulsion lorsqu'elle se définit dans un rapport à l'espace dans l'inconscient.

L'impulsivité concerne-t-elle une catégorie de troubles de la personnalité ?

Un trouble de la personnalité se définit par la présence de traits de personnalité excessifs qui entraîne des altérations durables des relations humaines. L'impulsivité est devenue un des aspects centraux de certains troubles. Les personnes souffrant d'un trouble de la personnalité réagissent de manière rigide et stéréotypée, quel que soit l'environnement. Elles en souffrent la plupart du temps et motivent de nombreuses consultations auprès des psychiatres. Le tableau ci-dessous résume brièvement les liens existant entre traits de personnalité et type de personnalité.

Type	Description	Groupe
Paranoïaque	– soupçonneux, – virulent, – fier, – colérique, – hostile aux autres.	A
Schizoïde	– froid, – indifférent, – anémotif, – introverti, – asocial.	A
Schizotypique	– bizarrerie idéique, perceptive et comportementale, – hypoémotif, – solitaire.	A
Antisocial	– indifférent aux autres, – irresponsable, impulsif, agressif, irritable, irrespect des règles.	B
Borderline	– labile émotionnellement et impulsif, – image de soi perturbée, – incertitude et vide.	B
Histrionique	– théâtral, hyperémotif et impulsif, – suggestible, – séducteur.	B

Type	Description	Groupe
Narcissique	– admiration de soi et impulsif, – compétition, – égoïste, – hautain.	B
Évitant	– indignité, mésestime, – craint la critique, – évite les autres, le risque, hypertimide.	C
Dépendant	– passif, indécis, – peur de l'abandon, – immature.	C
Obsessionnel-compulsif	– prudent et hésitant, – perfectionniste, – scrupuleux, conformiste.	C

Le groupe A regroupe l'ensemble des troubles de la personnalité bizarre. Les personnes de ce groupe verbalisent des idées inhabituelles, des croyances étranges et ésotériques, des habitudes originales. Elles sont fantasques et difficiles à comprendre.

Les individus du groupe C sont marqués par la *procrastination*. Dominés par l'angoisse, ils éprouvent de grandes difficultés à agir : dans le doute de bien ou de mal faire, l'action ou la décision est reportée au lendemain.

Les troubles de la personnalité en lien avec l'impulsivité sont ceux du *groupe B* : les sujets de ce groupe sont dominés par les émotions.

➤ *Personnalité borderline et impulsivité*

Dans le groupe B, le trouble de la personnalité de type *borderline* ou « état limite » est le plus étudié dans son rapport à l'impulsivité. Ce trouble est particulièrement fréquent : 2 % des personnes en souffrent dans la population générale et jusqu'à 20 % des patients hospitalisés en service de psychiatrie ; les femmes en souffrent trois fois plus que les hommes dans les études statistiques de sexe ratio. Le diagnostic de trouble de la personnalité de type *borderline* ne peut être clairement posé que par un spécialiste qui s'intéressera à l'histoire du patient dans sa globalité et non à quelques-uns de ses comportements. Nous pouvons en présenter toutefois quelques caractéristiques :

- les affects sont dominés par la colère, parfois celle-ci peut devenir intense, voire incontrôlable ; d'aucuns exprimeront souvent un sentiment de vide intérieur ou un vécu d'instabilité suscitant une hyperréactivité aux stress du quotidien ;
- les pensées qu'expriment ces personnes rapportent souvent des interrogations autour de l'identité, de l'image de soi ou par instants le sentiment diffus d'être persécuté par les autres, en tout cas incompris ;
- les comportements les plus fréquemment observés sont les comportements impulsifs (tentatives de suicide soudaines ou des automutilations répétitives) ;
- les relations s'organisent autour d'efforts intenses contre l'abandon réel ou imaginé et sont souvent manichéennes, en tout ou rien.

Impulsivité et trouble de la personnalité de type *borderline* s'intriquent, au point que l'impulsivité est considérée comme une caractéristique nécessaire pour évoquer ce diagnostic. Ainsi, le trouble *borderline* se caractérise par une instabilité des relations interpersonnelles, une perturbation de l'image de soi et des affects avec une impulsivité marquée. L'impulsivité s'exprime par des comportements, des gestes ou des menaces suicidaires, des comportements d'automutilations et une instabilité affective. Elle se manifeste par des actes bien identifiés : les relations sexuelles, le jeu, l'usage de drogues, le comportement alimentaire ou la conduite automobile.

Certaines classifications psychiatriques précisent que l'impulsivité dans le trouble de la personnalité borderline est marquée par une absence de considération pour les conséquences de ces comportements et une difficulté à se contrôler.

➤ *L'impulsivité est-elle une dimension de la personnalité ?*

Des auteurs[1] poussent l'observation encore plus loin : la compulsion permettrait de contrôler l'impulsivité perçue. L'idée est celle d'un continuum entre l'impulsif et le compulsif, s'appuyant sur la même base neurobiologique d'un déficit en sérotonine et en dopamine dans les deux cas.

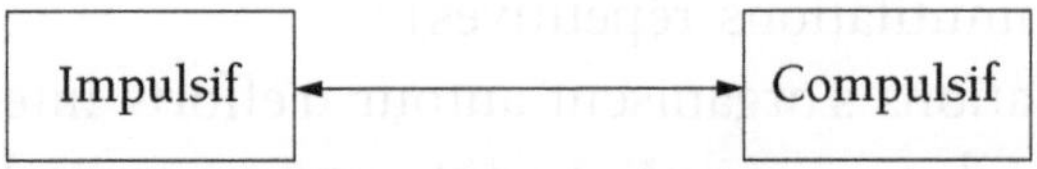

Les personnes souffrant d'un trouble obsessionnel-compulsif (TOC) auraient l'impression d'être très impulsives et, pour lutter contre cette impulsivité perçue, elles mettraient en œuvre des mécanismes de compulsion comme des rituels de vérifications, essentiellement pour lutter contre cette perception.

➤ *L'impulsivité est-elle un facteur de risque de certaines maladies mentales ?*

L'impulsivité est considérée par les psychiatres comme un aspect majeur des désordres du contrôle des émotions et des comportements. Elle est présente dans de très nombreux troubles psychiatriques : la manie dans les troubles bipolaires, l'hyperréactivité émotionnelle, l'hyperactivité par déficit de l'attention chez l'enfant surtout, les alcoolodépendances et les autres « addictions », comme les anorexies-boulimies, certaines conduites suicidaires et violentes, la kleptomanie, la pyromanie et certaines perversions sexuelles.

Dans l'alcoolodépendance, l'impulsivité se révèle par l'alcool, un désinhibiteur et un anxiolytique qui lève donc toute retenue à agir. L'alcool est facilitateur d'actions tout en induisant de l'euphorie.

Dans la boulimie, le niveau d'impulsivité détermine l'instant même où l'anorexique, à force de lutter contre sa faim, va craquer. Parfois, l'impulsivité dans la crise de boulimie intervient de manière à neutraliser des émotions complexes et conflictuelles, pour ne laisser après la crise qu'une intense culpabilité.

Diverses études scientifiques montrent que l'impulsivité est souvent surreprésentée dans les comportements d'agressivité ou dans certains suicides. Dans l'agressivité, l'impulsivité surviendrait par saturation émotionnelle soit par accumulation de diverses frustrations (l'effet soupape), soit par hyperréactivité aux émotions (le « soupe au lait »), soit enfin par une incapacité à nuancer l'expression de ses émotions, c'est-à-dire un trouble de la régulation émotionnelle (le tout ou rien).

L'effet soupape : « Depuis ce matin, j'accumule ! Le lacet de ma chaussure qui craque, ma clef de maison qui se brise dans la serrure, la voiture qui ne démarre pas. Je trébuche sur le trottoir pour venir pointer au boulot. Alors vous critiquez mon retard, là ? Vous allez vite voir que mon poing dans votre petit visage va être très ponctuel ! »

La soupe au lait : « Je crise, je hurle, je perds tout contrôle face à une injustice. Alors quand vous me dites que je suis en retard, là ! Non ! »

Le tout ou rien : « Dans ma vie, soit je suis heureux, soit je suis désespéré. Jamais entre les deux. »

Qu'y a-t-il dans le cagibi de l'impulsif ? Vers une modélisation clinique de l'impulsivité

Nous avons vu que l'impulsivité est un carrefour entre un type de comportement, un mode de pensée et un mode de gestion des émotions.

Ce schéma permet de suivre les différentes séquences de l'impulsivité.

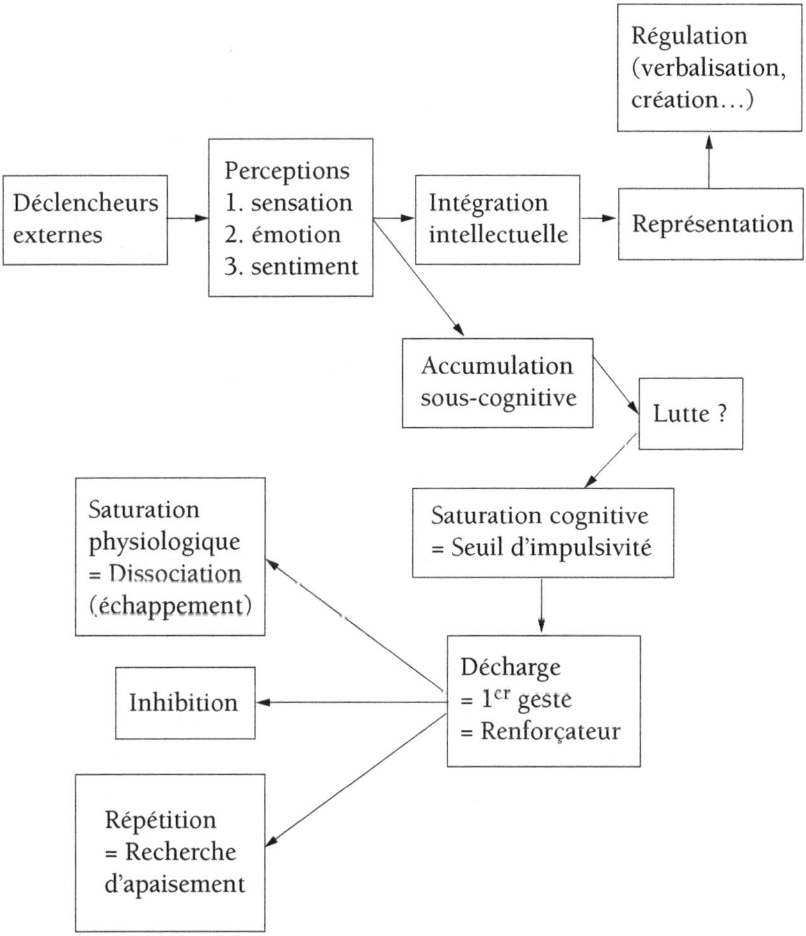
Régulation
(verbalisation, création…)
Déclencheurs externes
Perceptions
1. sensation
2. émotion
3. sentiment
Intégration intellectuelle
Représentation
Accumulation sous-cognitive
Lutte ?
Saturation cognitive
= Seuil d'impulsivité
Saturation physiologique
= Dissociation
(échappement)
Inhibition
Décharge
= 1er geste
= Renforçateur
Répétition
= Recherche d'apaisement

➤ *Un déclencheur externe*

Le déclencheur d'un mouvement impulsif est souvent externe à soi-même et implique un des cinq sens : une phrase entendue, une odeur perçue, une image surprise… le stimulus quel qu'il soit a le rôle de gâchette. Ce stimulus est une perception de l'extérieur, une information qui vient de notre environnement. Nous percevons l'environnement par le filtre de nos cinq sens. Ce filtre est vite gradué en trois niveaux affectifs du plus simple au plus élaboré : la sensation, l'émotion et le sentiment. Cette nouvelle information perceptive déjà transformée n'est déjà plus complètement identique à l'information provenant de l'environnement. Cette information peut suivre deux voies, interne et externe : une voie d'intégration intellectuelle ou cognitive qui compare cette perception à nos expériences passées, nos souvenirs, nos valeurs, nos rêves aussi, tout un ensemble assez compliqué de processus de traitement de l'information qui transforme encore une fois l'information. On parle d'intégration cognitive. L'information est analysée, comparée et modifiée dans notre cerveau. Le fruit de ce travail est nommé représentation : c'est l'idée nouvelle que nous nous faisons de l'information initiale transmise par l'environnement. Bien entendu, elle n'est plus du tout identique, nous dirons que l'information a été métabolisée, digérée. Cette nouvelle information peut ainsi être acceptée ou rejetée selon nos croyances, intégrée pour enrichir notre compréhension du monde et surtout partagée, transmise pour la comparer aux représentations des autres. Sa verbalisation permet son atténuation et sa régulation, mais aussi un nouveau traitement par comparaison à celle des autres. C'est le partage social de nos représentations du monde qui nous permet de nous sentir appartenir à un groupe de pairs avec les mêmes représentations ou au contraire de nous sentir seuls et incompris, ou encore différents. Ainsi, l'information initiale subit deux traitements : un traitement interne, par nous-même, et un autre externe par la transmission aux autres. Ce partage est possible par la verbalisation, il peut aussi passer par la créativité, le dessin, la sculpture, ou l'action. Les personnes impulsives passent facilement à l'acte. Le passage à l'acte est radical, définitif, excessif aussi. En psychothérapie de l'impulsivité, nous privilégions la verbalisation car elle autorise l'erreur mais aussi le retour sur soi, la réflexion.

➤ *Une accumulation de sensations*

Un autre chemin que l'intégration cognitive est favorisé chez la personne impulsive : il s'agit de l'accumulation. La perception initiale n'est pas intégrée et s'accumule de manière plus brute, moins nuancée, moins métabolisée, souvent à des stades de sensations vagues, diffuses et peu élaborées plutôt qu'à des niveaux de sentiments. Cette accumulation constitue un véritable stock de perceptions mais très mal organisé, un peu comme on accumule des affaires qu'on ne souhaite pas jeter dans un débarras : en vrac, de manière anarchique. Les perceptions se mélangent parfois, se télescopent, s'entremêlent jusqu'à la confusion. La taille de notre débarras est aléatoire selon chacun, certains possèdent une grande pièce, d'autres, des pièces plus étroites. La taille de cette pièce correspond à notre seuil d'impulsivité. Si la pièce est grande, notre seuil d'impulsivité est élevé ; si la pièce est petite, notre seuil d'impulsivité est bas.

Le rangement de nos perceptions dans ce cagibi n'est pas si anarchique qu'il y paraît. Il peut y avoir une lutte intérieure contre cette accumulation, c'est-à-dire une égodystonie, nous l'avons définie dans les chapitres précédents (voir p. 55). Dans ce mouvement de lutte, nous développons des symptômes de compulsions. Inversement, ce rangement peut être en accord avec nous-même, en égosyntonie, et là le seuil d'impulsivité est, en général, atteint plus rapidement. Comme dans un débarras, si on range avec un peu de méthode, on arrive à mettre plus d'objets, plus de perceptions ; sinon on perd de la place et on remplit plus vite notre pièce.

➤ *Le passage à l'acte*

Le seuil d'impulsivité est propre à chacun, il dépend du niveau de tolérance individuel face à ses perceptions et le stress qu'elles suscitent en nous. À un moment donné, quand nous ne pouvons plus supporter la tension interne provoquée par cette accumulation de perceptions, le seuil est atteint, et le passage à l'acte se produit : c'est le premier geste impulsif. Pour reprendre l'image, le cagibi est complètement rempli, saturé de perceptions. Le premier mouvement impulsif permet de vider une petite partie du cagibi, mais jamais entièrement. C'est un peu comme si on constatait qu'on ne pouvait plus rentrer dans la pièce, alors on jette les premiers objets présents devant la porte, c'est-à-dire les dernières perceptions accumulées. On se dit : « Là, ce n'est vraiment pas ma journée, c'est la goutte d'eau qui fait déborder le vase. » Mais on ne réfléchit pas plus avant, on reste en surface. Alors cela soulage un tout petit peu mais guère plus. Le cagibi reste saturé. Le prochain stimulus de l'environnement qui arrivera remplira rapidement l'espace dégagé.

La séquence pourrait s'arrêter là, mais c'est rare. Souvent, l'acte soulage. On le constate car les tensions se relâchent brièvement, c'est plutôt agréable. Et l'acte s'auto-entretient comme un renforçateur positif et se répète jusqu'à ce que la tension interne soit complètement nulle. Le geste impulsif recommence, inlassablement jusqu'à dégager entièrement le cagibi. Cette répétition confine parfois à la frénésie : on commence par jeter deux ou trois objets encombrants, puis, dans l'élan, on se dit : « Autant aller jusqu'au bout », et tout le reste de la journée se transforme en un grand nettoyage de printemps improvisé. C'est assez similaire pour le premier geste impulsif qui apporte un premier soulagement, on se dit : « Autant se lâcher complètement », et on perd toute retenue, les barrières lâchent, l'acte impulsif est répété à l'excès dans une orgie comportementale, une frénésie d'action. Jusqu'au prochain stimulus qui déclenchera une nouvelle séquence, un nouveau remplissage de notre cagibi de perceptions.

➤ *L'apprentissage cérébral du geste impulsif*

Plus rarement, le premier geste reste unique, et l'acte s'achève ; le geste est inhibé, car il se suffit à lui-même. L'apaisement apporté par ce premier geste est suffisant. Ou, encore, le geste est immédiatement et fortement réprouvé par son auteur. Cette inhibition peut être causée par une critique du geste, un sentiment de honte ou de culpabilité, l'évaluation de ses conséquences négatives, l'influence de l'entourage qui retient un nouveau geste… Pourtant il va rester une petite cicatrice de perception qui peut devenir elle-même un stimulus, et le cercle peut repartir une nouvelle fois. Le stimulus de départ ne proviendra plus de l'extérieur cette fois-ci, mais de l'intérieur, le stimulus déclencheur sera interne cette fois-là. Quand ce stimulus se réactivera, le deuxième geste impulsif sera plus prompt, plus rapide que le premier. On appelle cela l'effet de l'apprentissage : à force d'entraînement, une fois peut suffire dans certains cas, la réaction stimulus-réponse impulsive se transforme en réflexe.

➤ *Impulsivité et dédoublement de la personnalité*

Dans d'autres cas plus rares encore, le geste nous apparaîtra étranger à nous-même, non dans le sens égodystonique, mais au sens d'étranger à soi-même : « Jamais je ne me serais cru capable de faire ça ! » ; « Je n'étais plus vraiment moi-même. » Et à ce titre on pourra dire que le geste impulsif est dissocié de nous-même. Certaines personnes se décrivent avec le sentiment d'avoir été doubles, comme dans un dédoublement de personnalité. Ces personnes ont souvent des difficultés à se sentir responsables de leurs actes, exprimant l'impression d'être victimes de l'environnement. D'autres disent qu'elles sont comme coupées en deux : d'un côté la gentille qui n'est pas impulsive, de l'autre la méchante qui est impulsive, formulant ainsi un jugement moral sur leur acte. En réalité, elles expriment une façon de se protéger d'elles-mêmes, ce type d'impression est ce qu'on nomme un mode de défense, une façon d'accepter certaines actions culpabilisantes ou angoissantes qu'on s'inflige à soi-même : on parle en psychologie de clivage, de déni de la réalité, de minimisation, de pensée dysfonctionnelle, selon les champs théoriques choisis. L'idée à retenir est que la souffrance des personnes impulsives est bien réelle et qu'il est difficile d'accepter que l'impulsivité se situe à un tel degré qu'elle en devient une maladie. S'accepter en tant qu'impulsif est déjà un premier pas vers le traitement de son impulsivité maladie. Cela se traduit par la responsabilisation, le fait d'assumer ses actes, même ceux que nous réprouvons. Le changement passe par là. S'accepter impulsif, c'est accepter de changer pour l'être un peu moins…

CHAPITRE 6

Mon enfant est impulsif

De plus en plus nombreux sont les parents qui se sentent débordés par l'impulsivité de leur enfant. Certains en éprouvent de la culpabilité, croyant être de mauvais parents, d'autres sont épuisés à force de tenter de contenir les débordements impulsifs de leur enfant. Enfin, certains ne savent plus comment réagir et souffrent en silence constatant amèrement les dégâts causés par leur enfant. Bien sûr, les parents des enfants impulsifs aiment encore leur enfant ; seulement, c'est leur impulsivité qu'ils ne supportent plus. Mais d'où cela peut-il venir qu'un enfant devienne impulsif ?

Comment un enfant devient-il impulsif ?

Certains parents disent de leur enfant : « Il a toujours été comme ça. Je ne l'ai jamais connu différent. Cela ne m'étonne plus. » Est-ce bien certain ? Aucune cause n'est déterminante dans le développement de l'impulsivité. Si nous pouvions trouver une seule explication à l'origine de notre impulsivité, le traitement serait bien facile : il suffirait de supprimer la cause ou d'éliminer le coupable, en somme. Mais les données actuelles de la science décrivent des origines multifactorielles parmi lesquelles un dérèglement de la sécrétion d'un neurotransmetteur, la sérotonine, une défaillance dans l'éducation, ou encore le renforcement d'un comportement appris. L'origine de l'impulsivité de nos enfants est donc multiple. On ne peut pas isoler une seule cause. En réalité, l'impulsivité résulte un peu de chacune de ces causes, par un effet de cumul. La présence d'une seule cause pourrait être considérée comme un facteur de risque mais aucunement comme LA cause unique.

➤ *L'impulsivité normale dans le développement de l'enfant*

Henri Wallon (1879-1962), un médecin français, a étudié l'apparition de l'impulsivité chez l'enfant. Il propose différents stades en fonction de l'âge de l'enfant.

Les stades impulsif et émotionnel du bébé

Lors de la première année de vie de l'enfant, la motricité et les émotions seraient les principaux organisateurs de son développement, la pensée est encore secondaire[1]. L'impulsivité est surtout motrice et s'ordonne en des réponses de plus en plus nuancées grâce à l'interaction de l'entourage avec l'enfant. Le maintien des comportements adaptés est souvent encouragé par les parents : « Vas-y ! Bravo ! », alors que les comportements inappropriés sont réprimés : « Ah, non, ce n'est pas bien ! » Ainsi, l'environnement et l'entourage, que l'on nomme le milieu, encouragent l'enfant à s'adapter aux situations affectives et émotionnelles. La régulation des réponses motrices provient bien de l'environnement. La coordination de la sensibilité et du mouvement crée des variations musculaires et toniques chez l'enfant qui sont sources d'émotions différenciées.

Le stade impulsif chez le nourrisson, de 0 à 3 mois, est caractérisé par le désordre gestuel. Ses émotions sont floues et indifférenciées, peu subtiles, oscillant entre deux états l'« être-bien » et l'« être-mal ».

Puis de 3 à 12 mois apparaît progressivement le stade émotionnel : les réponses de l'entourage aident l'enfant à organiser ses émotions. Petit à petit, ses réactions émotionnelles s'affinent : joie, douleur, chagrin, colère commencent à s'exprimer. Ces émotions seront la source du langage et de la conscience.

Le stade impulsif est lui-même traversé par deux stades de la sociabilité. D'une part, la symbiose affective de 3 à 9 mois environ est marquée par le développement des actions volontaires. L'enfant apprend à anticiper les réactions des autres. D'autre part, ce qu'on nomme le syncrétisme indifférencié, qui correspond à la confusion de soi avec l'autre, disparaît : l'enfant, qui est en fusion, surtout avec sa mère, apprend à s'en différencier et accède ainsi peu à peu à la complémentarité des rôles. Dans le développement de l'enfant, l'impulsivité n'est pas tout à fait comparable à l'impulsivité de l'adulte ou de l'adolescent. Chez le jeune enfant, l'impulsivité est un mélange de mouvements désordonnés au départ qui s'organisent progressivement dans des attitudes d'exploration de son environnement. Ces mouvements sont désordonnés dans le sens où ils ne sont pas planifiés, organisés ou anticipés, cela ne signifie pas pour autant qu'ils sont chaotiques ou incohérents. On retrouve cette forme d'impulsivité archaïque chez l'adulte quand il réagit de manière infantile : par exemple, la télévision ne fonctionne pas, alors on tape dessus de manière aléatoire « pour voir si ça marche », ou alors la télécommande de cette télévision paraît bien compliquée, alors on teste un peu frénétiquement chaque touche, de-ci de-là sans organisation. Un adulte non impulsif lirait le mode d'emploi ou alors testerait les touches de la télécommande une à une, observant l'action de son mouvement sur l'environnement, ici sur le téléviseur.

Qu'en retenir ? L'impulsivité est surtout un mode de réaction qui n'est pas inné mais acquis. Elle s'organise avec le temps et favorise l'apprentissage de l'enfant.

➤ *Un défaut d'éducation : le tout, tout de suite !*

La question du lien entre impulsivité et éducation est un peu délicate, car il serait faux de croire que l'impulsivité d'un enfant relève de la seule responsabilité des parents. Néanmoins, on retrouve souvent dans l'histoire des personnes impulsives une éducation laxiste où tout était permis, où les enfants avaient tout ce qu'ils souhaitaient tout de suite sans jamais attendre. Nous faisons référence au syndrome des enfants rois. Inversement, certains enfants qui ont souffert d'une éducation très rigide, stricte et sévère, voire tyrannique, sont aussi devenus impulsifs : il s'agit des enfants brimés. Alors, qu'en retenir ? Une bonne éducation est une éducation souple. Les lois ne sont pas discutables, les désirs ne sont pas les règles. « Pas tout et pas tout de suite », pourrait-on résumer. Une éducation souple est une éducation qui n'est pas extrémiste, ni trop laxiste ni trop stricte, dans une bonne mesure entre les deux extrêmes.

« Tout de suite... »

Un enfant qui n'a pas appris à attendre deviendra impatient. Comme il ne saura pas différer ses propres envies, il n'y résistera pas, il y succombera immédiatement et sera donc impulsif. Attendre cinq minutes peut suffire... parfois un peu plus quand même. Comme il est bon d'attendre un peu avant d'avoir un cadeau. Certains se rappellent peut-être avoir espéré des semaines entières avant Noël. Et le jour J, quel bonheur ! Maintenant certains enfants ont des cadeaux avant la date « pour les faire patienter » ou d'autres ont toute la liste commandée... Le plaisir naît à cause du manque, le plaisir arrive comme le soulagement d'un manque, d'une privation. Les exemples sont nombreux. Simplement, quand on a soif, très soif, après une séance de sport où on a dû différer de s'hydrater, le soulagement au moment de boire est bien plus fort que si on avait eu la possibilité de le faire immédiatement. L'eau en est parfois bien meilleure. Différer une envie ou un besoin accroît la sensation d'apaisement et augmente le plaisir ressenti, de manière physiologique. Et, après l'envie, il y a le désir. Parfois, différer l'envie augmente le désir et accroît le plaisir. Le challenge est de choisir le meilleur moment pour y succomber car, au bout d'un certain temps, il ne faut plus différer... Cinq minutes peuvent suffire.

Tout

La capacité à faire un choix préserve aussi du sentiment de toute-puissance. Si on peut tout posséder, les objets prennent la même valeur de cœur. Ils valent la même intensité émotionnelle. Faire un choix n'est pas seulement une simple affaire de raisonnement, cela procède aussi de l'émotion, faire acte de préférence. Cela nécessite de réfléchir sur soi, de prendre le temps de se regarder, de peser le pour et le contre. Tous ces mécanismes psychologiques qui sont tout sauf impulsifs. Par définition, « faire un choix » n'a rien d'impulsif. Ainsi, permettre à nos enfants de faire des choix, les leurs ou ceux espérés par les parents, les protège de devenir impulsifs. À l'inverse, un enfant qui peut avoir tout ce qu'il veut sans avoir à choisir n'aura jamais la possibilité d'apprendre à faire un choix. Ce qui est nécessaire et absolu dans l'acte de faire un choix, c'est *renoncer à quelque chose*. Quand on hésite entre deux possibilités comme aller à la mer ou à la montagne. Pour faire un choix, on doit renoncer à l'une des possibilités. Impossible de faire les deux ici… excepté peut-être la Corse, et encore… il est dur de grimper et de se baigner en même temps ! Le choix serait de renoncer à l'une ou l'autre possibilité. Bien entendu, on ne fait pas de bon choix en éliminant la possibilité la moins acceptable. On choisit la meilleure, bien sûr, mais on renonce à l'autre et souvent définitivement. Revenons à l'éducation de nos enfants : quand un enfant veut regarder un programme de télévision, soit il regarde la télévision sans limite jusqu'à point d'heure, soit il apprend à choisir une émission, renonce aux autres et va se coucher. Quand un autre enfant veut des bonbons, il en choisit certains et renonce aux autres pour ne pas faire comme Bérengère.

Bérengère est boulimique. La boulimie est sans doute le comportement le plus impulsif qui soit. Et pour cause : tout manger tout de suite. Tout, tout de suite. Le premier geste thérapeutique serait de renoncer à la nourriture en excédent, au-delà de la satiété.

➤ *L'installation d'un comportement appris*

L'idée est simple : les comportements efficaces se maintiennent dans le temps alors que les comportements délétères pour nous-même ou pour nos proches disparaissent. Karim a encore des difficultés à exprimer ses sentiments. Il est adolescent, et agir est souvent plus simple, plus rapide aussi que réfléchir sur soi, qu'essayer de chercher les mots justes pour dire son ressenti. Bien souvent, il agit avant de réfléchir à ses affects, on appelle cela le primat de l'agir sur la parole. Karim a bien remarqué, quand il voulait être seul ou s'isoler pour être tranquille, qu'il était efficace de terroriser son entourage en cassant le mobilier. Sa mère, femme de réflexion, souvent lui « prend la tête » à vouloir réfléchir aux événements, à tout analyser. Lui aimerait être indépendant, couper le cordon ombilical, en somme. Alors, concrètement, il interrompt toute discussion en criant ou en cassant des objets. Et là, il devient difficile d'échanger… Alors Karim maintient ce comportement. Plus encore, il ne cherche même plus à savoir si ce comportement est toujours approprié ou adapté à la situation, il « crise » parfois avant même toute approche de ses parents. Son comportement devient réflexe, Karim est entré dans le cercle de l'impulsivité.

➤ *Une transmission intergénérationnelle*

L'expérience recense des familles d'impulsifs. Heureusement, elles ne sont pas trop nombreuses, mais on en découvre de plus en plus. Un peu comme il existe des familles d'anxieux, ou des familles de créatifs, l'impulsivité est transmise de génération en génération, en une sorte d'héritage. Cette transmission n'est aucunement hasardeuse et répond à quelques règles.

Dans un premier cas, le symptôme est transmis de manière pure. Au sein d'une même famille, les impulsifs ne le sont que dans un contexte très précis, associé à des valeurs. « Dans le travail, pour se faire respecter, il faut être impulsif ! », me disait le père d'une patiente impulsive. Voilà bien une croyance familiale qui entretient l'impulsivité. Pour ce père dont la profession était d'être coach sportif, cela fonctionnait assez bien, il n'en souffrait pas trop. Peut-être que cette croyance dans un autre métier n'aurait pas fonctionné de manière épanouissante. C'est ce qui arriva à sa fille, professeur des écoles : alors que son autorité s'effondrait, cette jeune femme explosait en classe de plus en plus violemment. Et son autorité, au lieu de se restaurer, se dégradait de plus en plus. En perdant le contrôle d'elle-même devant ses élèves, elle perdait sa crédibilité. En marge de cette impulsivité reliée par erreur à l'idée d'avoir de l'autorité, elle restait maîtresse d'elle-même, seul le secteur professionnel en pâtissait. C'est en comprenant, à l'issue de quelques séances de psychothérapie, le processus délétère dans lequel elle était enfermée qu'elle apprit à mieux différer ses élans impulsifs, à garder le contrôle sur sa colère et progressivement à restaurer son autorité. Initialement, cette jeune femme avait appliqué le précepte paternel, de manière inconsciente, sans le critiquer.

Dans un second cas, le symptôme peut s'interrompre sur une génération par blocage. Heureusement, nous pouvons lutter et nous défendre contre ces héritages difficiles. La difficulté réside dans le fait que ces blocages sont fréquemment inconscients. Pour modifier ce patrimoine familial impulsif, un travail sur soi-même, sur ses croyances devient nécessaire. L'institutrice impulsive a choisi d'entreprendre ce travail psychothérapeutique et ainsi a pu changer.

Ceux qui n'arrivent pas à changer expliquent souvent leur impulsivité par une rationalisation : je suis comme cela car… chacun a une explication plus ou moins valable mais toujours inappropriée, car elle donne une justification au symptôme, et du coup celui-ci se maintient ! N'appliquons pas de fatalisme à ce symptôme transmis au fil des générations ! Accepter de reconnaître qu'on est parfois pris dans son histoire familiale est un vrai pas vers la guérison. Changer procède de la volonté à entreprendre ce changement. Les gens qui viennent et demandent un remède miracle n'entreprennent aucun travail en profondeur et ne changent pas. Changer, apprivoiser son impulsivité, exige un travail et requiert des efforts qu'il convient d'admettre.

On pourrait se répéter comme une excuse : « Je ne pourrai pas changer mon impulsivité, ma grand-mère l'était, ma mère l'est, alors moi, je ne vaux pas mieux. » Mais en êtes-vous bien certain ? N'est-ce pas une sorte d'excuse, une forme de résignation, voire une petite complaisance avec soi-même pour ne pas changer ? On pourrait se dire encore : « Mon fils est impulsif comme moi. » Certes, cette phrase est rassurante d'un côté : « C'est bien mon fils, il me ressemble. » Mais il a aussi d'autres qualités qui nous rapprochent de lui. Lesquelles, dites-moi ?

Et si nous voulions plutôt développer et valoriser les qualités de nos enfants, plutôt que souffrir et nous focaliser sur leur impulsivité ?

➤ *Un manque de sérotonine*

Des études de neuro-imagerie cérébrale fonctionnelle ont montré un déficit des récepteurs 5-HT2A dans le cortex frontal ventral chez des personnes impulsives. Cela suggère que le comportement impulsif pourrait être causé par une neurotransmission sérotoninergique 5-HT dysfonctionnelle dans le système nerveux central. Pour le formuler simplement, un déficit de sérotonine, une substance chimique présente naturellement dans notre cerveau, pourrait être la cause de comportements impulsifs. Effectivement, si on supplémente ce manque de sérotonine chez ces patients impulsifs par l'administration d'un médicament, ces patients disent devenir moins impulsifs. Ce médicament peut être un antidépresseur inhibiteur de la recapture de sérotonine (IRS), par exemple. Mais ce n'est pas toujours aussi simple. D'autres psychotropes aident à diminuer les comportements impulsifs, comme les thymorégulateurs qui agissent surtout sur l'humeur, ou encore certains antipsychotiques qui auraient aussi une action sur les comportements impulsifs. Trouver le bon médicament oblige donc à se faire aider par un médecin psychiatre.

Un problème d'attention : l'enfant hyperactif

Une maladie peut toucher l'enfant quand son impulsivité devient vraiment trop importante, ingérable ou délétère pour son propre développement. Chez ces quelques enfants, plus fréquemment chez les garçons, on peut découvrir un trouble de déficit de l'attention avec hyperactivité, le TDAH. Ce diagnostic de maladie psychiatrique ne peut être posé qu'après 6 ans et uniquement par un spécialiste. Voici l'histoire d'une consultation d'un tel enfant.

Stanislas a 7 ans, sa mère, 25 ans. Ils viennent ensemble pour une première consultation.

La mère est épuisée, le regard cerné ; elle est crispée quand elle présente son fils.

Stanislas, lui, gambade dans le bureau, il est en mouvement permanent, saute, crie, parle tout seul, s'agite de manière désordonnée. Il ouvre les placards, fouille dans les tiroirs, interrompt régulièrement sa mère pour lui montrer des objets, escalade le bureau, tente de pousser sa maman pour lui prendre son fauteuil, jette au sol les stylos du bureau. Bref, cet enfant est pour le moins agaçant. Il sourit à peine et répond mal aux interpellations. Il semble incapable d'obéir ou d'effectuer une tâche plus de quelques instants, voletant de-ci de-là de manière désordonnée. Il n'est pas resté plus d'une minute sur son dessin. Celui-ci représente l'esquisse maladroite d'un bonhomme qu'il a raturée dans tous les sens. « Le bonhomme, il est fatigué quand même, là. »

Sa mère précise : « C'est comme ça depuis qu'il est tout petit, à la maternelle ça a empiré… Il dit à la maîtresse qu'il va rester calme, mais une minute après c'est déjà oublié. À la maison, *idem*. Alors, franchement, quand son père se met à hurler, je me dis qu'au moins il s'occupe de Stan et ça me fait des vacances… Quel est le diagnostic, docteur ? »

Le médecin spécialiste va repérer une série de symptômes, présents dans diverses situations, qui seront considérés comme excessifs par rapport à son âge, alors que l'intelligence de l'enfant est normale. Ces symptômes sont les suivants :

Le déficit de l'attention (critères *DSM-IV-TR*)

Six symptômes au moins doivent être observés pendant au minimum six mois à un degré inadapté et qui ne correspond pas au niveau de développement de l'enfant :

- ne parvient pas à prêter attention aux détails, ou fait des fautes d'étourderie dans les devoirs scolaires, le travail ou les autres activités ;
- a souvent du mal à soutenir son attention au travail ou dans les jeux ;
- semble souvent ne pas écouter quand on lui parle personnellement ;
- ne se conforme pas toujours aux consignes et ne parvient pas à mener à terme ses devoirs scolaires, ses tâches domestiques ou ses obligations professionnelles (cela n'est pas dû à un comportement d'opposition, ni à une incapacité à comprendre les consignes) ;
- a souvent du mal à organiser ses travaux ou ses activités ;

– évite souvent ou a en aversion, ou bien réalise à contrecœur, les tâches qui nécessitent un effort mental soutenu (comme le travail scolaire ou les devoirs à la maison) ;
– perd souvent les objets nécessaires à son travail ou à ses activités (exemple : jouet, cahier de devoirs, livres ou outils) ;
– se laisse souvent distraire par des événements externes ;
– a des oublis fréquents dans la vie quotidienne.

Impulsivité :

– laisse souvent échapper la réponse à une question qui n'est pas encore entièrement posée ;
– a souvent du mal à attendre son tour ;
– interrompt souvent les autres ou impose sa présence (exemple : fait irruption dans les conversations ou les jeux).

Hyperactivité motrice (hyperkinésie)

– remue fréquemment les mains ou les pieds, ou se tortille sur son siège ;
– se lève souvent en classe ou dans d'autres situations où il est supposé rester assis ;
– souvent, court ou grimpe partout dans des situations où cela est inapproprié (ou sentiment subjectif d'impatience motrice chez les adultes) ;
– a souvent du mal à se tenir tranquille dans les jeux ou les activités de loisir ;
– est souvent « sur la brèche » ou agit comme « s'il était monté sur ressorts » ;
– parle souvent trop.

À cette liste s'ajoutent des affects instables et de l'intolérance à la frustration.

En général, l'enfant est impulsif et hyperactif parce qu'il n'arrive pas à maintenir son attention fixe. Ce trouble, avant d'être un problème d'impulsivité, est un trouble de l'attention. Le traitement d'ailleurs se focalise sur le problème de l'attention plutôt que sur celui de l'impulsivité.

Ces enfants particulièrement difficiles peuvent être soignés par une équipe de plusieurs intervenants : le médecin psychiatre, le psychologue, le psychomotricien, l'ergothérapeute, la maîtresse d'école et bien sûr les parents. Sans l'implication des parents, le traitement est inefficace. Les parents sont bien des cothérapeutes.

➤ *Ce que dit le symptôme*

La question la plus importante face à un enfant hyperactif est : pourquoi bouge-t-il sans cesse ? Les causes doivent être recherchées, car le trouble de déficit de l'attention avec hyperactivité (TDAH) peut parfois être une conséquence d'un autre trouble. Quelles peuvent être les causes ? En voici quelques-unes :

– troubles anxieux, en particulier le trouble obsessionnel-compulsif (TOC) ;
– dépression ;
– troubles des apprentissages ;
– troubles envahissants du développement (retard mental avec troubles du comportement, autisme, psychoses) ;
– dysharmonies d'évolution (ou *Multiplex Developpemental Disorders*) ;
– carences éducatives, maltraitance, sévices à enfant ;
– épilepsies, causes très fréquemment retrouvées ;
– hyperthyroïdie.

Toutes les causes ne sont pas toujours présentes, mais si une cause est découverte son traitement adapté fera disparaître l'hyperactivité de l'enfant.

➤ *Quelques conseils pour vous aider avec un enfant hyperactif*

D'une manière générale, les règles éducatives données par les parents doivent être claires, répétées et renforcées. Elles concernent le respect dû aux parents, le respect des règles de vie en famille. Les parents doivent savoir faire preuve d'une fermeté bienveillante, encourager leur enfant et ne rien retrancher de leur amour pour lui.

Dans le cas particulier du déficit d'attention, les exigences parentales sont énoncées de façon simple et claire, les parents

Pour faciliter le quotidien

- N'hésitez pas à afficher le règlement de la maison.
- Le frère ou la sœur ne doivent pas être présents dans la pièce où l'enfant fait ses devoirs.
- Une atmosphère calme et sans bruit sera propice à créer un environnement stable dont l'enfant a besoin.
- Les débordements mineurs comme bouger en mangeant ou en travaillant, en récitant peuvent être tolérés.
- D'une manière générale, il convient d'anticiper les situations à risques : tout ce qui est routinier tel que l'habillage est pénible, facilitez-lui les choses en achetant des vêtements simples à utiliser (scratch aux chaussures, etc.).

donnent des consignes brèves sans se perdre dans des négociations sans fin.

N'utilisez la Ritaline® (voir traitement pharmacologique plus bas) qu'en situation exceptionnelle, par exemple avant une réunion de famille, une visite aux grands-parents.

Sémantiquement, l'*attention* est un terme qui possède un double sens. C'est à la fois une capacité cognitive, un processus intellectuel. Mais c'est aussi prêter attention aux autres. Un enfant qui ne fait pas attention à son entourage est vu comme grossier, mal élevé, et ses parents sont jugés comme éduquant mal leur enfant.

Si votre enfant vous inonde de demandes, fractionnez-les, hiérarchisez-les dans le temps : « Maman, pour mon dessert, j'aimerais des bonbons, un yaourt au chocolat et surtout une glace. » « Je te donne une glace maintenant, mais on verra après si tu as encore faim. »

Limitez les excitants tels les jeux vidéo (durée maximale : vingt minutes d'affilée) ou les films violents.

Favorisez les activités à l'extérieur comme une promenade en famille, la découverte d'un parc public, la visite d'un zoo.

N'assimilez pas le comportement impulsif et la personnalité de l'enfant : « C'est ton comportement qui n'est pas supportable. Toi, ta personnalité, je l'aime. »

Quelques astuces éducatives

– Le *time out*, il s'agit de l'emmener dans une autre pièce (plutôt que de l'y envoyer) pour lui proposer un jeu calme, lui apprendre à s'autoapaiser pendant une minute par année d'âge, par exemple un enfant de 1 an peut tenir au calme une minute, à 4 ans, quatre minutes.
– Le *stop, think and go* : chaque fois que tu vas faire quelque chose, tu te programmes un « *stop, think and go* ». Cela devient un outil de médiation entre les gens et lui : stop, pense et va.
– Multiplier les intervenants adultes pour passer la main.
– Expliquez le TDAH à la famille.
– Entretenez des contacts avec l'école et avec d'autres parents dans les associations d'enfants hyperactifs pour ne pas vous sentir seuls.
– Souvenez-vous de votre propre enfance, notamment le père, qui souvent a pu avoir les mêmes problèmes que son enfant à son âge.

Parents, vous ne serez pas seul dans ce travail ! N'oubliez pas de vous faire aider. Si votre enfant souffre d'un trouble de déficit de l'attention avec hyperactivité, il est particulièrement épuisant et se trouve aussi épuisant lui-même !

➤ *Le traitement médicamenteux*

Le traitement est toujours *multidisciplinaire* : psychologique, infirmier, éducatif et médical avec la prescription médicamenteuse d'un psychostimulant : le méthylphénidate, appelé commercialement la Ritaline® ou le Concerta LP®.

En dehors de toute polémique sur ces produits, les auteurs de ce livre ont décidé de se mettre dans une démarche scientifique en tant que médecins et de ne vous présenter, à vous lecteurs, que des données reconnues par les scientifiques du monde entier en essayant de ne pas mettre en avant nos propres croyances.

Ce médicament assure l'amélioration de l'attention. Sa première prescription est initialisée par un médecin hospitalier spécialiste (psychiatre, neurologue, pédiatre) ; il est donné seulement les jours d'école car, sinon, il perd de son efficacité par habituation de l'organisme. On aménage ainsi des fenêtres thérapeutiques, des périodes exemptes de prises médicamenteuses.

Ce médicament n'est administré qu'aux enfants âgés de plus de 6 ans, et, comme il appartient à la liste des médicaments nommés stupéfiants, une ordonnance sécurisée est obligatoire pour une durée maximale de vingt-huit jours.

Il convient évidemment de surveiller les effets secondaires possibles : les plus fréquents sont les céphalées, les douleurs abdominales, une baisse de l'appétit, des insomnies.

Attention aux contre-indications : antécédents personnels de tics, présence d'une psychose comme une dysharmonie, ou une dépression, une hyperthyroïdie, des troubles cardiaques, un glaucome à angle fermé.

Ce médicament est efficace dans 75 % des cas, mais il ne suffit pas, il faut y associer une psychothérapie, des séances de rééducation en psychomotricité et en orthophonie, et parfois un traitement institutionnel en internat, si l'échec ou le rejet scolaire sont trop importants. Enfin, on propose aussi une aide psychopédagogique ainsi que des conseils aux parents et à la maîtresse comme ceux donnés plus haut.

➤ *Quel est le pronostic du trouble de déficit de l'attention avec hyperactivité ?*

Les études recensent 20 % de normalisation après la puberté. Mais 30 % des formes évoluent vers des conduites antisociales, et 50 % des symptômes restent résiduels à l'âge adulte, comme l'inattention le plus souvent qui persiste.

Le déficit de l'attention est un trouble spécifique et il convient donc de bien poser le diagnostic. On sait le traiter et le prendre en charge. Ces enfants vivent bien après un traitement adapté. Chaque enfant est unique, il faut donc trouver le meilleur traitement pour lui.

PARTIE 3

Comment maîtriser son impulsivité

Vous êtes impulsif. Vous le savez. Mais voulez-vous changer ?

« Non, les autres doivent apprendre à m'accepter comme je suis », répétait Karim.

Eh bien, non, impossible de changer les autres. Vous seul pouvez vous changer. Vous essayerez en vain de changer les autres, de les adapter à votre style ou à vos représentations. Parfois l'impulsivité est justifiée par le sentiment de ne pas être respecté. Karim précisait : « Mes parents ne me respectent pas. Alors je m'énerve. S'ils me respectaient, alors je les respecterais. » Pour Alexandre, c'est la même chose : « Faut pas me chercher. Si on me parle mal, je frappe. C'est comme ça. »

Eh bien, non. Comme pour le respect : les autres vous respecteront si vous commencez par les respecter. Et, vous verrez, en vous changeant vous-même, cela changera les autres. Changer les autres passe par le changement de soi. Karim plus tard partageait : « C'est incroyable, je n'ai pas crié quand ma mère me faisait des reproches. Ça l'a tellement étonnée, qu'elle a arrêté direct ! »

Alors allons-y ensemble… Découvrons comment canaliser votre impulsivité.

CHAPITRE 7

Apprenez à différer l'action

Oui à l'intuition !
Non à l'impulsivité !

L'empathie ne peut pas exister si le thérapeute est impulsif. Pour être empathique, il faut s'effacer devant l'autre, l'accueillir. La dimension la plus impulsive de l'empathie est l'intuition. La définition de l'intuition pourrait être « connaissance spontanée, immédiate sans l'analyse ou l'intervention de la raison ». L'intuition naît de manière impulsive et innée en nous, d'un seul coup. L'intuition revient à voir à l'intérieur de soi comme dans un miroir, au sens étymologique du mot. Si on l'applique à l'empathie, c'est voir à l'intérieur de l'autre comme en nous mais en nous différenciant de lui. Source de réussite mais pas systématiquement, l'intuition est toujours teintée d'un doute. « Je le pressens, mais je ne suis pas si sûr », dit l'intuitif. Ainsi, l'empathie comme outil de considération de l'autre n'a d'impulsif que l'intuition.

➤ *La part intuitive de l'empathie*

« J'ai l'impression que vous êtes triste, commence un thérapeute. Peut-être pensez-vous à votre mère qui consolait vos chagrins ? », poursuit-il intuitif. Quand on écoute soigneusement l'autre pour l'aider, on sent de manière intuitive, impulsive, les mots à dire, les gestes à accompagner. On ne les applique pas toujours, mais, parfois, l'intuition est bonne.

L'intuition comme impulsion dans l'empathie reste acceptable dans la mesure où un doute persiste qui induit le respect de l'autre. Au contraire, lorsque la certitude s'impose, l'intuition devient conviction et parfois même délire. Rappelons que le délire, pour les psychiatres, est une perception erronée de la réalité.

« D'un coup, j'étais convaincu qu'il fallait que je pousse cette femme. Cette conviction s'est imposée à moi », racontait un patient délirant très impulsif.

Un outil apporté par la notion d'empathie pour comprendre sa propre impulsivité est le doute ou la conviction à agir. Si l'intuition nous pousse à agir de manière impulsive, un doute persiste, et ce doute, qui ralentit l'action, exige un peu de réflexion avant le passage à l'acte.

Si la conviction nous mobilise, il n'y a pas lieu de réfléchir au préalable. Nous sommes certains qu'il faut agir, vite, sans nuance. En général, ces gestes impulsifs poussés par nos convictions ont des conséquences fâcheuses.

➤ *Du doute plutôt que de trop grandes certitudes*

Alexandre ne sait pas trouver les mots pour dire ses émotions. Heureux, il ne se sent pas obligé de le faire savoir. D'ailleurs, au quotidien, il préfère la solitude et choisit volontiers des activités de promenade dans la nature avec son chien, aller au cinéma et refuse la plupart du temps les invitations de ses quelques amis. En colère ou frustré, il a besoin d'évacuer ses tensions internes en les exprimant. Sans trouver les mots, il casse volontiers des objets ou parfois se scarifie. Son entourage n'arrive plus à communiquer avec lui et fuit, plutôt effrayé par ses heurts. La relation n'est plus authentique ni chaleureuse. D'un côté, Alexandre est de plus en plus seul, d'un autre côté, ses proches sont mal à l'aise, ont peur et finissent par éviter le contact. Leurs relations sont froides, voire distantes. Ses amis semblent convaincus qu'il est un ours, un type caractériel. Alexandre, lui, est persuadé que c'est aux autres de changer…

Nous voyons que dans l'intuition la réflexion retient et diffère le geste impulsif grâce au doute. Dans la conviction, le geste impulsif est immédiat. Inversement, instaurer du doute dans nos certitudes peut amener au changement, nuancer des comportements impulsifs.

Si Alexandre acceptait de nuancer un peu sa pensée, d'y injecter une once de doute, il pourrait accepter l'idée qu'on ne peut pas changer les autres. Peut-être même pourrait-il se dire : « Si j'essayais de changer moi-même plutôt que d'attendre que les autres changent ? » L'instauration du doute dans nos certitudes permet le changement. La certitude rigidifie nos comportements : « C'est à prendre ou à laisser. Je suis trop vieux pour changer, tant pis. »

Développez vos qualités

La règle la plus importante pour se soigner doit être appliquée dès le départ : *développez vos points forts*. N'essayez pas d'apprendre une technique qui vous est totalement étrangère, ne ruminez plus vos erreurs passées. Valorisez vos réussites. C'est en elles que se niche la solution à votre impulsivité. Regardez comment vous gérez déjà votre impulsivité et développez vos solutions avant même d'en apprendre d'autres. Comme en cuisine, il est plus évident de faire une recette avec les ingrédients qu'on possède plutôt que de tenter de fabriquer un plat alors qu'on ne dispose pas des ingrédients. Regardez donc dans votre réfrigérateur personnel si vous n'avez pas des ingrédients congelés, endormis, qui ne demandent qu'à intégrer votre quotidien.

Après seulement, si vous êtes vraiment affamé ou si vous voulez tester de nouvelles saveurs, vous pourrez aller explorer d'autres aliments, d'autres recettes pour vous aider.

Un joueur de tennis possède un bon revers et un mauvais coup droit. Il demande de l'aide à deux coachs sportifs.

Le premier lui enseigne : « Travaille ton coup droit. C'est ton point faible, tu dois l'améliorer. » Au final, le joueur de tennis jouera avec un bon revers et un bon coup droit.

Le second lui conseille : « Mise sur ton revers. Tu perdras du temps et de la confiance en toi sur ce mauvais coup droit. Développe ton revers qui est déjà bon. » Finalement, le joueur de tennis gagnera avec son revers qui deviendra excellent.

Si vous repérez des solutions que vous avez déjà tentées, alors développez-les. Vous deviendrez excellent.

Arrêtez tout ! Repartez du bon pied !

➤ *Critiquez-vous pour gagner du temps*

Si le comportement impulsif n'est pas critiqué ou jugé comme mauvais, alors il se répète de plus en plus rapidement, il devient même réflexe par auto-entraînement.

Jean est sportif, il aime l'aïkido. Il raconte : « Au début mes gestes étaient lents et imprécis. J'avais besoin de les répéter sans cesse pour qu'ils deviennent réflexes. Un adversaire me surprenait facilement car, quand il esquissait un mouvement, je devais réfléchir encore aux miens pour le contrer. À force de répétition, mes mouvements devinrent plus fluides, plus nets, plus précis. Bientôt, même, je les réalisais sans y réfléchir. » C'est la même chose quand un enfant apprend à faire du vélo. Il pense à bien coordonner tous ses mouvements. Aujourd'hui, réfléchissez-vous encore à la manière de pédaler ?

Si le comportement impulsif est désapprouvé, une lutte s'instaure avec ce comportement comme une résistance contre cette impulsion à agir. On met un frein, on crée un délai, mais la tension monte de plus en plus, et si cette tension n'est pas évacuée à un moment tout lâche, le comportement revient plus fortement.

« J'ai très envie de boire alors je regarde la bouteille et je me dis, non, tu ne gagneras pas, jamais. Je la regarde, elle me regarde. Mais au bout d'un moment, elle gagne, bien sûr », disait Pierre.

On ne peut changer que ce qu'on réprouve en nous. Au moins un petit peu. Si votre impulsivité vous fait souffrir, vous pouvez la soigner. Mais peut-être auriez-vous envie de changer pour les personnes de votre entourage qui souffrent de votre comportement ? Si la souffrance des autres vous gêne, vous pouvez vous changer. Trouvez votre motivation à changer…

➤ *Différez l'action !* *Tourner sept fois sa langue…*

Le début du traitement commence par la possibilité de s'offrir un petit délai pour agir différemment. Si votre comportement est trop rapide, vous ne pourrez pas changer. Si Pierre boit directement la bouteille, il ne se donnera pas les secondes nécessaires pour envisager une autre possibilité comme la vider dans l'évier, sortir faire un tour, parler à quelqu'un…

Alors gagnez du temps. Trois secondes suffisent. Si vous voulez changer votre impulsivité, c'est que vous avez déjà commencé à vous soigner : vous avez repéré que votre impulsivité est un problème.

Gagnez du temps pour différer le geste. Comment ? Avec un petit mot ou en comptant jusqu'à trois. Connaissez-vous l'expression : « Avant de parler, tourne sept fois ta langue dans ta bouche ? »

Dites-vous : « Relax. Plus tard. Non ! » Ce temps pourra ensuite être mis à profit pour instaurer de nouvelles façons de réagir.

Un collègue psychiatre conseillait à ses patientes boulimiques d'insulter le réfrigérateur plutôt que de s'y précipiter ou de se faire des reproches à elles-mêmes. Elles gagnaient un peu de temps pour envisager un autre comportement qu'une crise de boulimie tout en se défoulant de leur tension interne.

➤ *Réprimez-vous ! Il est urgent d'attendre !*

Un bon traitement pour soigner son impulsivité consiste à ne rien faire. Au sens propre : réprimer l'action. Un moyen évident de ne pas être impulsif est de s'empêcher d'agir, de ne rien faire, d'être inactif. Cette évidence peut paraître absurde, mais elle est remarquablement efficace. Si vous êtes impulsif, arrêtez de l'être.

Marie : « Quand je passe devant une boulangerie, je salive. Bête réflexe pavlovien. De même, après le repas, avec le café, j'ai besoin de m'allumer une cigarette. C'est vrai que, si je m'oublie un petit instant, si j'attends, l'envie passe parfois d'elle-même. Elle part comme elle est venue. »

On dit que l'envie passe en trois secondes en moyenne. Pour être honnête… pas toujours, mais certaines s'effacent tout de même assez rapidement.

L'intérêt de repérer les domaines de sa vie qui favorisent l'impulsivité (loisirs, travail, amours…) ou de lister ses comportements impulsifs est de faire un pas vers l'inaction. Réprimez l'action. Faire cet effort, c'est s'octroyer la possibilité de faire un vrai choix. Or choisir impose un délai de réflexion pour mesurer le pour et le contre : quels avantages et quels inconvénients ai-je à agir maintenant ? Vais-je le regretter ?

➤ *Ennuyez-vous au moins une fois par jour*

Comme il est fréquent d'entendre des personnes impulsives dire : « Il faut que je sois toujours en mouvement. J'ai peur de m'ennuyer. J'ai peur des blancs dans une conversation. Alors je parle, je parle. J'ai peur aussi que les autres pensent que je suis quelqu'un d'ennuyeux. »

Mais avez-vous essayé ?

Prenez cinq minutes, allongez-vous et ennuyez-vous. Laissez votre esprit vagabonder. Relâchez-vous. N'agissez plus. Posez-vous.

Apprendre à supporter l'ennui permet aussi de découvrir d'autres horizons, de se laisser surprendre. En vivant incessamment dans l'hyperactivité, l'impulsivité se noie dans le reste de la journée. Prenez un temps pour rien. Paradoxalement, la sensation de vivre vient grâce à l'ennui. L'hyperactivité nous rappelle juste qu'on ne laissera pas de trace avec notre mort.

CHAPITRE 8

Petits et grands gestes : canalisez !

Une des nombreuses fonctions des émotions est d'assurer l'évacuation d'un trop-plein interne, d'un débordement, comme un liquide dans un récipient. Plutôt que de refréner coûte que coûte l'évacuation de ce trop-plein, vous pouvez le canaliser. Mais pas de n'importe quelle manière. Choisissez la méthode qui vous ressemble le plus : la pensée ou la parole, en vous référant aux chapitres suivants (p. 135), ou le comportement, ici.

Voici une succession de recettes de la plus simple à la plus élaborée pour refréner votre impulsivité.

Vous souvenez-vous ? Vous aviez déjà listé vos petites et vos grandes stratégies d'autoapaisement ou de régulation de votre tension intérieure ?

Stratégies d'autoapaisement

Vous pouvez faire comme Karim.

« Dans la journée, pour me détendre, j'ai des petits réflexes simples : siffler une chanson, jouer avec un stylo, me mordiller doucement les joues, sucer un bonbon… »

Et vous, quelles sont vos petites stratégies d'autorégulation ?

– ....
– ....
– ....
– ....

« Quand je suis un peu plus stressé, j'adopte des comportements d'autoapaisement : faire du sport, marcher, crier, téléphoner à un ami, faire le ménage dans ma chambre, faire un jeu vidéo… »

Et vous, quelles sont vos grandes stratégies d'apaisement ?

– ....
– ....
– ....
– ....

Si vous avez répondu à ces deux questions, cela signifie que vous commencez à maîtriser un peu votre impulsivité et que vous vous soignez déjà. Bravo !

Si les exemples paraissent difficiles à trouver, revenez au chapitre « L'impulsivité, c'est quoi ? », où les définitions sont plus détaillées.

Si vous n'avez pas répondu ou pas assez selon vous, vous pouvez aller demander autour de vous ce que vos proches font, cela vous donnera des idées. En outre, ce chapitre vous propose toute une série de petites et de grandes stratégies à mettre en œuvre pour être moins impulsif.

Pour apprendre une stratégie, essayez-la même si vous êtes zen. Prescrivez-vous un entraînement tous les jours, et elle deviendra progressivement un réflexe, votre réflexe.

Boire, respirer ou exploser ?

La physiologie est bien faite : le corps humain n'arrive que très laborieusement à effectuer deux activités simultanément. Par exemple, personne n'est capable de pleurer et de boire au même moment. Boire un verre d'eau alors que des larmes tendent à s'échapper de l'œil refrène les pleurs. Certains utilisent cette méthode du verre d'eau pour se donner une contenance en public, pour tarir un hoquet tenace, pour gagner du temps dans une conversation… Pourquoi pas pour refréner une envie impulsive ? Vous gagnerez un peu de temps facilement. Évidemment, ne cassez pas le verre ensuite, passez plutôt au chapitre suivant si cette technique est insuffisante.

La respiration abdominale

Vous pouvez essayer cette méthode simple à froid, hors période de « crise », pour vous entraîner. Le mieux serait de la pratiquer régulièrement pour qu'elle devienne un réflexe.

La réussite de la respiration abdominale passe par le contrôle de l'expiration. En effet, l'hyperventilation ou la respiration forcée et exagérée, comme celle caricaturée lors de l'accouchement, suscite de l'angoisse par hypercapnie, augmentation de CO_2 dans le sang :

– inspirez normalement, sans forcer, sans bloquer le diaphragme, lentement, tranquillement, sentez bien votre ventre et vos poumons qui drainent l'air ;

– pensez bien à votre corps ;

– pincez les lèvres, toujours sans forcer, légèrement, et expirer l'air comme si vous souffliez sur la flamme d'une bougie pour la faire danser mais surtout sans l'éteindre. Imaginez la bougie devant vous ou entraînez-vous avec une vraie bougie ;

– répétez l'exercice dix, vingt fois s'il le faut, jusqu'à la détente.

Régressez comme l'enfant que vous étiez

Certains enfants paraissent être impulsifs, un chapitre leur est consacré. Toutefois, la plupart d'entre eux respirent la sérénité. Prenons modèle sur eux pour revenir vers votre enfance, pour certains un lieu agréable, pour d'autres moins. Dans les deux cas, des sentiments s'y nichent et ne demandent qu'à en sortir. En effet, les sentiments enfouis au fond de vous grossissent comme un abcès. Le chemin naturel de l'émotion est l'extériorisation et non pas l'intériorisation ou l'explosion. Le traitement ? L'évacuation en allant chercher cet abcès émotionnel, le dénicher au fond de vous, le repérer en vous.

Régresser, c'est plonger au fond de soi, physiquement, psychiquement mais aussi temporellement. Ces trois chemins peuvent se choisir pour aller au fond de soi.

- *La régression topique* est un premier chemin, ainsi nommé par les psychiatres, qui suit le mouvement du pôle moteur vers le pôle perceptif. N'agissez plus mais ressentez. Concentrez-vous sur vos cinq sens : écoutez autour de vous les sons des plus proches aux plus éloignés. Concentrez-vous sur les odeurs de votre environnement. Sont-elles agréables, parfumées, décrivez… Que sentez-vous sur votre peau, sous vos doigts ? Ouvrez les yeux, regardez, décrivez-moi comme si vous vouliez faire partager votre point de vue à un interlocuteur au téléphone. Goûtez à vos sens…
- *La régression formelle* est le deuxième chemin, plus intellectuel, elle chemine vers des modes plus primitifs de

représentation. L'idée est de ne pas se focaliser sur une idée ou un problème mais de laisser surgir en son esprit toutes les pensées, les bonnes et les mauvaises sans faire le tri. Vagabonder dans sa tête, flâner dans son esprit. En psychologie, l'obsession se nourrit d'elle-même, c'est un cercle vicieux : plus on pense à une idée, plus cette idée s'impose dans notre esprit. Vous allez comprendre avec l'expérience suivante[1] :

– si votre esprit est ouvert, les idées défilent dans votre tête librement, sans hiérarchie entre elles ;

– si je vous dis : « Pensez à tout, mais surtout pas à un ours blanc », alors vous allez lutter contre l'image de l'ours blanc. Cette image va parasiter vos pensées. L'obsession « ours blanc » est créée.

• *La régression temporelle* est un troisième chemin. Le suivre permet de progresser vers des temps plus anciens de votre propre histoire. Ce chemin suit une régression par analogie, au fil des anecdotes personnelles qui remontent à la mémoire. Ainsi, on se raconte sa vie, intérieurement, en remontant le temps. Sans se focaliser sur une période plutôt qu'une autre, sans se forcer à remonter la chronologie parfaite des événements. Mais en essayant d'être attentif uniquement à ce qu'une anecdote nous en rappelle une autre, et ainsi de suite. Comme si on voyait notre histoire personnelle se dévider lentement. « Dites-moi ce que vous voyez, pas ce que vous pensez », demandent les psychanalystes qui travaillent selon ce chemin.

CHAPITRE 9

La voie de la relaxation

Les atouts la relaxation

Les méthodes de relaxation et de méditation appartiennent aux approches psychocorporelles. Nombreuses, elles sont souvent transversales car elles associent plusieurs techniques et sont parfois extraites de leur vocation spirituelle initiale. Elles sont préventives et curatives de nombreux troubles psychologiques et psychosomatiques, et essentiellement de l'angoisse.

Une définition générale[1] pourrait être proposée : « Les méthodes de relaxation sont des conduites thérapeutiques éducatives et rééducatives, utilisant des techniques élaborées et codifiées, s'exerçant spécifiquement sur le secteur tensionnel et tonique de la personnalité. La décontraction neuromusculaire aboutit à un tonus de repos, base d'une détente physique et psychique. »

Les méthodes de relaxation sont très nombreuses. Mais elles ont pourtant beaucoup de points communs. D'abord, leurs effets physiologiques sur le corps sont reconnus :

– diminution de la consommation d'oxygène et de l'élimination du dioxyde de carbone ;
– diminution du rythme respiratoire ;
– diminution du rythme cardiaque ;
– diminution de la pression artérielle et du volume sanguin ;
– diminution du flux sanguin vers les muscles ;
– dilatation des vaisseaux sanguins périphériques ;
– diminution de la transpiration ;
– diminution du taux sanguin de cholestérol et de lactate ;
– diminution de la tension des muscles et de leur activité électrique ;
– augmentation des ondes cérébrales alpha et thêta ;
– augmentation de l'élimination salivaire ;
– stabilisation de la mobilité gastrique ;
– détente des sphincters rectal et vésical.

L'idée princeps de la relaxation est que le corps est le lieu privilégié de l'expression émotionnelle. Ainsi, se relaxer permet de drainer ses émotions vers l'extérieur, doucement et non pas violemment par l'impulsivité.

Benson[2] (1974) propose quatre éléments essentiels pour initier la relaxation quelle que soit la technique choisie :
– prendre un stimulus qui doit être constant et répétitif, un son ou une phrase, pour focaliser la pensée vers soi. C'est la *concentration* ;
– le corps est en attitude passive sans distraction aucune ;
– le tonus musculaire est diminué par une position confortable assise ou couchée ;

– l'environnement est calme, les stimulations réduites (éclairage tamisé, yeux fermés, lieu calme, température *ad hoc*...).

Parmi les différentes techniques de relaxation, je vais vous présenter les plus connues.

La relaxation neuromusculaire progressive de Jacobson

Développée dès l'écriture de sa thèse de doctorat à Harvard en 1907, Jacobson[3] étaye sa méthode au département de physiologie de l'Université de Chicago.

L'émotion est associée à des images internes qui se répercutent sur le tonus neuromusculaire, et *vice versa*. La diminution du tonus interrompt la pensée et émousse les affects désagréables qui y sont rattachés. La technique associe une contraction puis un relâchement musculaire volontaire pour prendre conscience du tonus musculaire par le contraste tension *versus* détente.

Cette forme de relaxation se décompose en relaxation générale et en relaxation différentielle. Le travail passe d'un groupe musculaire à l'autre : contraction de chaque groupe musculaire (cou, bras, torse, dos, cuisses, jambes, pieds) pendant cinq à sept secondes, puis relâchement à moitié, puis complètement. On se concentre sur les sensations, et tout particulièrement sur la contraction. Le relâchement musculaire peut être obtenu par étirement, balancement, vibration, affaissement et contraction.

Training autogène de Schultz ou autohypnose

Initialement proposée par Oskar Vogt, neurophysiologiste berlinois entre 1894 et 1903, cette technique était nommée « les exercices prophylactiques de détente autohypnotique ». Oskar Vogt avait remarqué que les patients arrivaient à reproduire par eux-mêmes les effets de chaleur ou de lourdeur induits sous hypnose.

Par l'autohypnose, l'obtention d'un état calme empêche les « mouvements émotionnels de devenir pathogènes » et induit un « repos prophylactique ». Pratiqués quotidiennement, ces exercices réduisent la fatigue et certains symptômes, dont l'impulsivité.

En 1905, Schultz[4], un neuropsychiatre allemand, propose le training autogène (publié en 1932) : c'est une « méthode de relaxation par autodécontraction concentrative », ou méthode d'autohypnose basée sur l'évocation mentale de sensations d'engourdissement et de chaleur ; autogène signifiant de manière autonome, sans thérapeute.

La technique repose sur le trépied de la suggestion, de la concentration mentale et de la passivité pour insister sur la cénesthésie et l'intériorisation. Elle commence par le cycle inférieur, celui de la répétition de phrase : « Je suis calme, tout à fait calme », ou par la représentation d'une image mentale sereine, puis par la diffusion d'une sensation de lourdeur et de chaleur. Elle se poursuit par le cycle supérieur, plus psychothérapeutique, avec visualisation de couleurs, focalisation sur un objet, une pensée abstraite, une émotion ou une personne déterminée.

Le cycle inférieur de ce modèle de relaxation correspond à l'apprentissage de la relaxation proprement dit en six exercices de base.

En position assise ou couchée, bras en légère flexion reposés le long du corps, paumes vers le bas, yeux fermés. Il comporte une gradation de sept stades :

– induction du calme « je suis tout à fait calme » ;
– pesanteur « mon bras est lourd » (× 5) ;
– chaleur « mon bras est tout chaud » (× 5) ;
– contrôle du cœur « mon cœur bat calme et fort » ;
– contrôle respiratoire « je suis toute respiration » « je respire calme » ;
– régulation abdominale « mon plexus solaire est inondé de chaleur » ;
– fraîcheur du front « mon front est agréablement frais ».

Le cycle supérieur correspond à la méditation autogène, par lequel il faut obtenir un état de « flottement dans la tête rafraîchie au-dessus d'une masse corporelle chaude et amorphe » (Schultz cité par J. Van Rillaer). Il comprend sept stades :

1. Visualiser mentalement des couleurs.
2. Sélectionner mentalement une couleur.
3. Visualiser mentalement des objets concrets puis abstraits.
4. Expérimenter le choix d'une sensation.
5. Visualiser d'autres personnes.

6. Visualiser « les réponses de l'inconscient », c'est-à-dire les aspects refoulés.

7. Neutralisation autogène et carte blanche (abréaction et verbalisation autogène).

Les autres modes de relaxation

Il existe une variété de méthodes de relaxation, plus ou moins complexes. Voici les plus pratiquées.

Tableau : Les principales techniques de relaxation passives et actives

Techniques	Auteurs	Principe
Relaxation neuromusculaire progressive puis désensibilisation systématique, puis *coping*.	Jacobson (1907), Wolpe (1954), Goldfried (1971), Suin et Richardson (1971), Meichenbaum (1972).	Relaxation différentielle par contraction puis décontraction de groupes musculaires.
Training autogène.	Schultz (1905).	« Autodécontraction concentrative ».
Relaxation activo-passive.	Wintrebert (1959).	Mouvements passifs induits par le thérapeute puis maintien-relâchement par le patient (enfant).
Rééducation psychotonique.	Ajuriaguerra (1980).	Dialogue tonico-émotionnel.

Techniques	Auteurs	Principe
Relaxation psychanalytique.	Michel Sapir (1960).	Régression pour faciliter le lâcher défensif.
Yoga.	Synthèse par Patanjali (IIe siècle av. J.-C.).	Concentration par des postures et des respirations, contemplation.
Tai-chi-chuan.	Wang Zongyue (XIIIe siècle ap. J.-C.).	Fluidité et coordination de mouvements centrés sur l'énergie interne.
Méthode Feldenkrais.	Moshe Feldenkrais (1970).	Le mouvement est un révélateur de la pensée et améliore l'image de soi.
Bouddhisme.	Siddhartha Gautama dit Bouddha (VIe siècle av. J.-C.).	Atteinte de l'illumination (*nirvana*) par une méditation attentive sur le flux de la pensée.
Méditation transcendantale.	Maharishi Mahesh Yogi (1959).	Répétition d'un mantra intime.
Respiratory one method.	Herbert Benson (1975).	Réponse de la relaxation, état d'éveil hypométabolique.

Techniques	Auteurs	Principe
Pleine conscience.	Jon Kabat-Zinn (1982).	Reperception = Régulation de l'attention sans élaboration et ouverture à l'expérience.
Hypnose.	Anton Mesmer (1775).	Magnétisme animal.
	Milton Erickson (1923).	Utilisation non dirigiste de l'inconscient comme source d'énergie.
Training autogène.	Johannes Schultz (1932).	Autohypnose.
Sophrologie.	Alfonso Caycedo (1960).	Harmonie de l'esprit.
Relaxation progressive.	Edmond Jacobson (1929).	Contraction-décontraction musculaire.
Biofeedback.	Neal Miller (1962).	Contrôle volontaire du système nerveux autonome par rétroaction biologique.

Maintenant, essayez par vous-même ces deux exercices de relaxation.

➤ *Exercice d'entraînement 1*

Allongez-vous sur le sol. Installez-vous confortablement en adhérant bien au sol. Étalez-vous le plus possible, écartez les bras et les jambes, desserrez votre col, enlevez votre montre et ouvrez vos boutons. Sentez ensuite que le sol vous porte et ressentez votre poids qui pèse de toute sa masse sur le sol. Concentrez-vous sur tous vos points d'appui, de la tête vers les pieds. Prenez conscience de votre respiration qui se ralentit et devient régulière pendant au moins dix à quinze minutes. Ainsi, respirez bien profondément en bloquant quelques secondes le souffle à pleins poumons. Puis relâchez-vous en expirant très lentement. À chaque expiration, imaginez que vous vous détendez encore un peu plus. Sentez les modifications de vos appuis, surtout dans votre dos. À chaque expiration, sentez que votre corps est porté par le sol, et vous vous sentez plus solide.

➤ *Exercice d'entraînement 2*

Allez marcher dans un endroit agréable, en forêt ou sur une plage, dans la nature. Concentrez-vous sur vos muscles qui se contractent dans vos jambes, sur vos bras qui se balancent au gré de vos pas. Marchez moins vite et focalisez-vous sur votre respiration pour qu'elle soit lente, profonde, contrôlée. Comptez quatre pas en inspirant puis quatre pas en expirant. Ralentissez encore plus jusqu'à décomposer le mouvement de la marche : levez lentement une jambe sur l'inspiration et reposez-la doucement sur l'expiration, et ainsi de suite. Alternez avec l'autre jambe tout en marchant… Quand vous serez à l'aise avec ce mouvement, essayez d'ajouter les bras : levez le bras opposé en même temps puis alternez encore.

CHAPITRE 10

Lâchez-vous ! Desserrez la soupape !

Certains d'entre nous vivent dans une telle retenue qu'à force de lutter, de lutter avec eux-mêmes, leur comportement finit par exploser. En réalité, ce n'est pas tout à fait « leur » comportement, mais plutôt « un » geste, « un » passage à l'acte, « une » impulsion qui jaillit et les dépasse sans que leur volonté y soit pour quelque chose. Paradoxalement, vous pouvez contrôler votre impulsivité en ne vous retenant plus, justement. Choisissez le bon moment pour relâcher votre tension interne au lieu d'être surpris par votre tension qui s'échappe brutalement de vous à la faveur d'un déclencheur externe.

La décharge : lâchez !

L'impulsivité peut naître d'une accumulation de tensions internes, d'émotions, de frustrations entassées en nous, elle peut aussi naître sans raison, d'un coup. Se lâcher, c'est s'autoriser à ressentir des émotions, à ne pas être dans le contrôle ou dans la lutte.

Une patiente, Jeanne, souffrant d'anorexie, avait reproduit à la perfection un dessin, le seul qu'elle avait accroché sur son mur dans sa chambre d'hôpital : il représentait un corset du XVIIIe siècle. Comme ce corset aurait pu résumer le contrôle qu'elle exerçait sur ses émotions ! Elle disait « être adulte, c'est ne pas exprimer ses émotions ». Cette phrase a fabriqué la maladie en elle.

Au contraire, être adulte, c'est exprimer son ressenti et ne pas se laisser contrôler par ses actes. Alors se lâcher, justement, c'est éviter le contrôle. C'est juste profiter. C'est dire son ressenti. Être. Les personnes qui se contrôlent en permanence seront très impulsives, car un moment arrivera où elles ne pourront plus se contrôler. Elles vont lutter jusqu'à la rupture, et leur acte ne s'apaisera qu'au prix d'un intense sentiment de culpabilité. Alors lâchez prise !

Marie : « Quand j'ai commencé à parler, je ne faisais que pleurer, tout le temps. Au point d'en avoir assez de pleurer, de me dégoûter moi-même. Avant de commencer mon traitement, je n'exprimais pas mes émotions. Mais ce qui m'a guérie d'être débordée par mes envies, c'est d'oser dire mes sentiments. Sauf qu'au début les larmes sortaient toutes seules, comme un barrage qui cède. Et je me suis vraiment nettoyée de tous mes regrets, de toutes mes souffrances. Cela a été le début de ma thérapie. Me vider pour autoriser ensuite la parole. »

Criez, mais fort !

Vous sentez l'impulsion monter en vous. Il arrivera un instant où vous ne pourrez plus vous retenir. Alors criez, mais fort ! Un son net, clair, puissant, où vous hurlez tout votre air en un seul souffle. Si vous le faites à fond, ce cri vous laissera un peu fatigué et surtout vous n'aurez pas succombé à votre impulsion. C'est le cri du combat que le karatéka japonais connaît bien : il concentre toute son énergie dans le cri et l'expulse pour accompagner son geste, son kata. On nomme cela la fonction apotropaïque du cri, c'est-à-dire sa fonction conjuratoire : le cri repousse l'impulsion, comme le gri-gri repousse le mauvais sort. Crier assez fort permet d'expulser la tension interne vers l'extérieur de soi.

Bougez !
Le coup de fouet sportif

Alexandre au début de son traitement éprouvait des difficultés à trouver les bons mots, à préciser ce qu'il ressentait. Il a alors proposé cette idée. « Quand j'ai envie de frapper quelqu'un ou que je suis très contrarié, je pars courir dehors jusqu'à en perdre haleine. »

Plutôt qu'un geste impulsif qui laissera un sentiment de culpabilité et de honte de n'avoir pu être maîtrisé, pratiquez un sport. Pas forcément de manière intensive comme Alexandre. Pratiqué régulièrement, le sport régule notre énergie, nos tensions ou même la colère. Il pourra être une échappatoire, puis très vite deviendra source de plaisir, voire une nécessité pour certains. Là, encore, tout est affaire de pratique raisonnable. Sombrer dans l'hyperactivité sportive suscitera le phénomène inverse. Pratiquer un sport peut être libérateur mais non à l'extrême ou à haut niveau lorsque seule la performance prime.

Je décide de fuir

La fuite n'est pas toujours synonyme d'échec. Cette réaction normale face au stress assure d'une part la survie de l'espèce, mais offre le temps de la réflexion, facilite l'adaptation d'autre part. Fuir représente une méthode facile que les personnes évitant les conflits connaissent bien. Fuir ne suffit pas, mais c'est un premier pas salutaire qui évite *a fortiori* de foncer tête baissée et de sauter dans le précipice. Parfois deux pas en arrière permettent aussi de mieux voir le problème, de prendre du recul au sens propre comme au sens figuré.

« Quand je n'ai plus le dernier mot, je pars, je quitte la scène. Cela m'évite le ridicule de la surenchère. C'est un peu comme le silence : mieux vaut ne rien dire, plutôt que de dire des bêtises. La fuite, c'est une action, mais silencieuse, sans conséquences », me disait une patiente un peu philosophe.

CHAPITRE 11

Pensez maintenant

Plutôt que d'agir trop vite, il convient maintenant de penser un peu plus. Cette étape se prépare par l'entraînement. Deux méthodes sont facilement applicables.

Dérivation, détournement ou activité cognitive

Camille le reconnaît volontiers : parfois elle quitte un lieu ou un groupe d'amis parce qu'elle ressent ce trop-plein. Elle le présente comme un moyen d'épargner ses proches : « Sinon je crois que je casserais tout, que je les giflerais chacun… Mieux vaut partir dans ces cas-là. » C'est sûr. Camille fuit ici plutôt que d'exprimer ce trop-plein ou de demander un peu d'air à ses proches. Toutefois sa méthode pour éviter d'être agressive n'est pas si mauvaise : elle pratique sans le savoir une dérivation, son évitement d'exprimer son émotion, elle l'évacue dans une autre activité. Elle raconte que, quand elle est très en colère ou qu'elle se sent au bord d'exploser à la suite d'une contrariété, elle va faire du shopping. Marie aussi fait cela. Elles achètent toutes les deux beaucoup d'objets inutiles. Mais il ne s'agit pas de s'endetter non plus, il s'agit juste de faire du lèche-vitrines, de flâner, de penser à de jolis vêtements, sans vouloir les posséder. Ce détournement de l'attention pourrait suffire à ne pas passer à l'acte.

Ainsi, pour ne pas être impulsif, vous pourriez pratiquer une autre activité, simple mais plaisante, agréable et sans conséquences : regarder le paysage, aller vous promener dans votre quartier, téléphoner à un ami, écrire un texto, dessiner, écouter de la musique en vous allongeant…

Auriez-vous d'autres idées d'activités alternatives ?

– ....
– ....
– ....
– ....

Le zapping cérébral : la maladie des uns est une solution pour les autres

Il n'est pas toujours utile d'agir, encore une fois. L'action peut être mentalisée. Ainsi, certaines personnes qui souffrent de troubles obsessionnels-compulsifs poussent cet exercice à l'extrême et ne passent jamais à l'acte. Nous pouvons apprendre d'eux.

Les TOC sont marqués par l'irruption soudaine de pensées ressenties comme intrusives et souvent étrangères à soi-même : ces pensées sont nommées des obsessions car, en luttant contre elles, le patient va les amplifier et ne penser qu'à elles, obtenant l'effet inverse de celui escompté. Alors, pour les conjurer, il va faire des rituels répétitifs jusqu'à l'usure : ces rituels sont des comportements stéréotypés, qui sont comparables à une dérivation ou à un détournement vus dans le chapitre précédent. Vous pouvez faire l'inverse, vous qui agissez trop : créez-vous des obsessions, mais, à la différence des TOC, elles seront vôtres :

– racontez-vous un souvenir particulièrement agréable, détaillez-le dans votre tête ;
– imaginez-vous en train de vous promener dans un endroit familier sympathique, détaillez-vous le paysage ;
– racontez-vous une histoire imaginée ;
– répétez-vous une phrase comme un mantra...

Plus facile encore, vous pouvez imaginer une phrase absurde et vous dire que vous ne devez surtout pas y penser. Vous verrez, elle s'imposera d'elle-même : l'exemple bien connu est celui de l'ours blanc : pensez à tout sauf à un ours blanc. Pensez. Pensez. À quoi pensiez-vous ?

Marquez votre mantra et répétez de ne pas y penser :

– ....

Vous savez, ces petites chansonnettes dont l'air tourne dans la mémoire. Plus vous luttez contre, plus l'air reprend. Un moyen de quitter cet air lancinant est de se chanter une autre chanson. Alors si vous sentez un mouvement impulsif grandir en vous, fredonnez un petit refrain, une chanson conjuratoire…

Henry a tenté cette technique, il nous fait partager son témoignage :

« Quand je sens la colère qui jaillit en moi, je zappe dans ma tête, je me mets sur ma chaîne musicale intérieure et je me chante la chanson des Poppys *Non, non, rien n'a changé*. Cela me donne envie de rire même parfois, tellement je me sens ridicule. En plus, je me répète : “Non, non”, et, du coup, je ne crise pas. »

CHAPITRE 12

Exprimez-vous !

La régulation de ses émotions contribue à la gestion de l'impulsivité. L'impulsif ne sait souvent plus trouver les mots pour dire ce qu'il ressent. Parfois même, l'impulsivité congèle toutes les émotions : les émotions sont enterrées au plus profond de nous-même. Certains diront : « Mais je ne ressens plus rien. » En fait, pas d'inquiétude, les émotions sont toujours là et ne demandent qu'à ressurgir.

D'autres impulsifs diront complètement l'inverse : « Moi, les émotions, elles me dominent. Elles explosent et je ne peux rien faire pour les canaliser. » Pas d'inquiétude, là encore : les émotions ne sont pas une sorte de virus qui croît, mais plutôt une facette de nous-même. Nous allons donc apprendre à mieux les appréhender.

Dans ces deux cas, les impulsifs souffrent d'alexithymie, une maladie de l'émotion.

L'alexithymie

Le mot date de 1972. Peter E. Sifnéos a créé ce néologisme pour caractériser les personnes souffrant de troubles psychosomatiques. L'incapacité à verbaliser ses émotions, une vie imaginaire pauvre, une facilité à agir plutôt qu'à parler de soi, et une prédominance à la description factuelle de leur quotidien plutôt qu'à en exprimer leur vécu : ces quatre traits de personnalité sont propres aux alexithymiques.

Voici quelques étapes pour redécouvrir nos émotions.

Acceptez et nommez votre émotion

Quelle est mon émotion ? Souvent, nous confondons notre émotion et celles des autres. « Je suis heureux parce que les autres le sont. » Mais peut-on rendre les autres heureux réellement si nous sommes dans le flou, en souffrance, vides parfois ? Pour sentir ses émotions, vibrer avec elles, il faut les reconnaître et les accepter. Comment ?

➤ *Être dans l'instant*

« *Carpe diem, carpe horam* », disait le poète latin Horace dans ses *Odes*. Cela ne signifie pas s'adonner aux plaisirs les plus inavouables, et ce n'est pas simplement « être là, dans l'instant ». Le véritable sens de ces vers est : « Accepte de t'inquiéter pour l'avenir. » Profiter de l'instant, c'est ne plus anticiper, c'est accepter l'incertitude des lendemains. Sommes-nous bien convaincus que notre programme bien réglé se réalisera sans embûches ? Pour accepter l'émotion, il faut cesser d'anticiper, se détacher de tout contrôle et accepter le flot d'inquiétudes, de listes d'activités à ne pas oublier. Ne luttez plus, soyez tout à votre émotion. Le contrôle bloque l'émotion, car l'émotion est dans le cœur, non dans la tête. Plus on mentalise, plus on raisonne, plus l'émotion meurt. Agir vite, penser beaucoup, c'est le moyen idéal pour gommer ou congeler nos émotions. Observez bien : quand on pleure, les mots se brisent, l'élan se pétrifie. Inversement, quand on parle à nouveau, les larmes se tarissent.

Acceptez donc votre rire, vos pleurs, votre colère, acceptez que votre dégoût remonte au bord de vos lèvres, que votre peur résonne dans votre solitude. Vous verrez quel soulagement vous gagnerez à ne pas résister.

➤ *Reconnaissez votre émotion : les trois facettes de l'éprouvé*

Pour parler de son émotion, il faut pouvoir y mettre un mot. Pour la tristesse… pour la joie…

Pierre parle de sa mère : « Je me souviens… Elle aimait raconter l'histoire des petits bibelots qu'elle avait chinés. Nous parcourions ensemble chacune des pièces de sa maison pour regarder chaque étagère, chaque meuble. Elle racontait tout ce qu'elle avait appris d'un objet, qui le lui avait offert, comment il avait été transmis dans la famille, les anecdotes qui s'y rattachaient. Comme ça, une petite boîte en jade qui portait en elle une mésentente avec une vieille tante, ou cette aquarelle d'une ferme auvergnate qui rappelait une ancienne maison de famille où s'étaient réunis frères et sœurs pendant la guerre… » Le discours de Pierre est factuel, uniquement descriptif. Il est incapable de nommer l'émotion qui se profile derrière les mots.

Et pourtant que ressent-il en évoquant sa mère qui est décédée avant qu'il ne sombre dans l'alcoolisme ? Quel est son vécu quand il se remémore sa mère : tristesse, amertume, regrets, culpabilité, nostalgie ?

L'exercice est difficile. Il existe d'ailleurs plus de mots pour décrire des états émotionnels négatifs que positifs et cela dans toutes les langues (Baumeister et *al.*, 2001). Ce n'est pourtant pas évident de mettre un mot sur un ressenti, d'autant que parfois cela laisse l'impression de mal l'exprimer ou de ne pas tout à fait le cerner avec un seul terme.

Nommer la sensation

Voici un mantra à se répéter : « Ce ne sont pas les événements qui traumatisent, mais la façon dont ils sont ressentis. »

Cette petite phrase, nous la répétons à nos patients pour les encourager à verbaliser leur vécu. De toute façon, nous ne nous souvenons que de la trace émotionnelle des événements et très peu de l'événement en tant que tel. Regardez comme les témoignages concernant une situation diffèrent : chacun se remémore l'émotion ou la sensation et quelques éléments s'y rattachant au mieux. Cherchez un souvenir agréable dans vos lointains souvenirs d'enfance. Ces souvenirs sont très liés à l'un de nos cinq sens : une odeur de cuisine, une matière sous les doigts, une impression fugace d'insouciance, l'image d'une réunion familiale, la mélodie d'une comptine. Le reste s'estompe et s'émousse dans notre mémoire. Seule l'émotion paraît intacte. En retrouvant quelques traces de souvenirs, nous pouvons recréer un événement, pourtant il reste des blancs d'incertitude.

L'émotion s'incarne d'abord dans nos sens car ils sont le premier filtre de nos perceptions de la réalité :

• *Le sens tactile,* « cette situation me touche ». Ô combien sont nombreuses les émotions qui s'incarnent dans notre corps par le toucher ! « Je suis irrité, j'étouffe, je suis ulcéré, cela m'oppresse, cela déchire… » Pour décrire la douleur physique, les anesthésistes utilisent le « Questionnaire Douleur » de l'hôpital Saint-Antoine. La consigne est de choisir le mot le plus approprié pour décrire sa douleur, mais elle est applicable pour les émotions : votre émotion est-elle ? Un élancement – pénétrante – une décharge électrique – un coup de poignard – en étau – un tiraillement – une brûlure – un fourmillement – une lourdeur – épuisante – angoissante – obsédante – insupportable – énervante – exaspérante – déprimante ?

Choisissez le terme qui décrit votre émotion sur le plan du toucher.

• *La vue,* les larmes par exemple, ne dit-on pas « je vois » pour montrer à notre interlocuteur que nous ressentons son désarroi ? Ou encore « ce que je ressens est flou ». À l'opposé, certains d'entre nous, à l'instar de la myopie, amplifient les événements. On appelle cela l'hypersyntonie en psychiatrie. Pour mieux comprendre, on peut donner l'image suivante : nos émotions sont comme des lunettes entre nous et la réalité. L'émotion, comme des verres grossissants de myope, amplifie un fait, le déforme, l'assombrit comme si vous portiez des lunettes de soleil. Pour décrire votre émotion sur le sens de la vue demandez-vous : « Quelles lunettes est-ce que je chausse ? »

• *L'ouïe,* « j'entends bien ta souffrance ». D'autres diront : « Ça crie ou ça hurle en moi. » Quelle est la musique de l'émotion en vous ? son rythme, plus ou moins rapide ? son intensité, plus ou moins forte ? sa mélodie, chantante, entraînante, en écho revenant inlassablement, lancinante, soûlante ?…

• *Le goût*, l'émotion pourrait se décrire comme un vin ou un aliment. Dans ce domaine, les comparaisons foisonnent. Un goût se décrit selon sa texture en bouche, son parfum, sa durée. Telle l'émotion : c'est dur, tendre, moelleux, doux, piquant, sucré ou salé, amer, fruité. Faites votre liste…

• *L'odorat*, nos émotions exhalent à plein nez ! Nous pourrions donc les décrire comme des parfums. Le dégoût n'est-il pas d'ailleurs une émotion ? Pensez que votre émotion est une fleur, un fruit, un végétal ou un bois qui doit s'épanouir. Décrivez cela pour quelqu'un au téléphone…

Martine souffre d'anorexie depuis douze ans.

Martine. – Je n'arrive pas à manger. Pourtant je veux maintenant, cela fait trop longtemps que j'ai cette maladie. Je n'arrive pas à avaler les aliments, comme s'ils se bloquaient. Ils ont tous le même goût et me donnent envie de vomir. Quand j'arrive à les avaler, je vomis. Ça m'écœure. J'ai peur de rechuter. En plus, je commence demain une nouvelle formation et j'ai peur de ne pas avoir assez de force.

Thérapeute. – Vous voulez manger pour avoir des forces pour faire cette formation ?

— Oui, on me donne une nouvelle chance et je n'ai pas droit à l'erreur.

— En fait, en ne réussissant pas à manger, c'est un peu comme si vous anticipiez l'échec de cette formation ?

— Oui en plus mes parents me mettent la pression. Ils me répètent qu'il faut manger. J'ai l'impression qu'ils me disent : « Bouffe ! » en me regardant manger. Ils sont maladroits, mais plus encore… J'ai peur de rechuter, je ne veux pas, je veux guérir et ne plus être malade. Je perds de plus en plus de poids depuis une semaine, c'est de pire en pire.

— Que craignez-vous en rechutant ?

— J'ai peur de mourir.

— En fait, vous me dites qu'avaler la nourriture, c'est une question de vie ou de mort.

— Oui, c'est ça. J'ai perdu l'habitude de manger. Il n'y a guère que le Coca light que j'arrive à boire sans vomir.

— Et ça a quel goût ?

— Je ne sais pas.

— C'est sucré, amer, acide ?

— C'est lourd.

— Comment ça ?

— C'est lourd à digérer. Je me force.

Sans vouloir nommer clairement l'émotion, il s'agit tout de même de s'en rapprocher le plus possible. Une sensation se traduit toujours par une émotion de manière innée, mais pas chez les personnes impulsives. En effet, les impulsifs séparent les émotions de leur corps, comme si elles n'existaient pas. De ce fait, certains se sentent vides à l'intérieur d'eux-mêmes, dépourvus d'émotions. En fait, ils ont perdu la compétence de nommer les émotions qui se rattachent à leurs sensations, ce qu'on appelle en psychologie l'alexithymie.

Nommer l'émotion

Le niveau le plus élaboré de nos ressentis est l'émotion. Les psychologues en décrivent de nombreuses. Nous pouvons isoler cinq émotions fondamentales que sont : la peur, la colère, la joie, la tristesse et le dégoût. Elles se nuancent selon leur intensité. Ainsi, la colère peut croître jusqu'à la fureur ou la rage, la tristesse peut devenir désespoir, la joie, jubilation ou extase, la peur, terreur, et le dégoût, écœurement.

EXERCICE DES ÉMOTIONS COULEURS

Une émotion est qualifiée par sa qualité et par sa quantité, c'est-à-dire qu'elle a une couleur et une intensité.

Ainsi, plutôt que de trouver le terme idéal, n'hésitez pas à donner une couleur à votre émotion. Créez votre propre code de couleur comme Alexandre qui lui aussi manque de vocabulaire : « La rage, c'est rouge, comme le sang qui fait mal, et le bonheur, c'est bleu comme le ciel qui est en paix. »

Cotez aussi l'intensité : plus l'émotion est forte, plus le chiffre est élevé.

Alexandre peut exprimer plus facilement son ressenti :

« Hier, ma mère n'est pas venue me voir comme elle l'avait promis, ça m'a fait mal. Très mal. J'ai eu du rouge, très fort, à 10 sur 12 dans le ventre. »

Alexandre montre que son émotion commence dans son corps, c'est une sensation. En la nommant et en la cotant, la sensation devient une émotion et elle est ainsi plus facile à supporter. On sait qu'en verbalisant son émotion celle-ci diminue en intensité parce qu'une émotion partagée est plus facile à porter : à deux, elle est moins lourde…

Nommer le sentiment

Le sentiment représente un niveau encore plus élaboré de l'éprouvé. Le sentiment correspond à la réponse à la question suivante : « Qu'avez-vous VÉCU à ce moment-là ? »

Le vécu est un mélange subtil et parfois compliqué d'émotions différentes. Les vécus s'associent en général à des situations complexes : apprenez à nommer votre vécu. Ce niveau est le plus difficile, et parfois l'aide d'un tiers, d'un ami, voire d'un professionnel peut s'avérer utile : vécu d'abandon, de solitude, d'isolement, de rejet, de culpabilité, d'incompréhension, de toute-puissance, d'étrangeté, de complétude… La liste est infinie, et un dictionnaire n'y suffirait pas car le vécu est notre carte d'identité. Certains sentiments se situent au-delà des émotions : la haine, l'amour, l'amitié, la passion, et ils suscitent par leur complexité de nombreux débats pour les définir. Le sentiment est ce qui nous caractérise le plus intimement car il est totalement personnel, miroir de notre âme. Voilà pourquoi il est si difficile à préciser et que les mots, s'ils nous en rapprochent, restent imparfaits. Le fameux « Connais-toi toi-même » passe par la lecture de nos sentiments. L'exercice est périlleux, et les romantiques ne s'y sont pas trompés aux XVIIIe et XIXe siècles, ils désiraient renouer avec leurs sentiments.

Dire ses sentiments est un exercice difficile mais pas impossible. Le choix de la bonne méthode pour les exprimer est essentiel : commencez par un dessin, un journal intime, un blog, un courrier à une personne de confiance, un coup de téléphone… Faites une hiérarchie des moyens, des plus réalisables aux moins réalisables. Commencez par le moyen qui vous est le plus évident.

Le plus simple au départ est de décrire une situation que vous aimeriez explorer. Décrivez-la de façon factuelle telle qu'elle vous revient en mémoire, sans chercher à faire de la belle littérature. Puis introduisez « je » au fil de vos phrases.

Hermione raconte :

« Je rentrais dans la station de métro Saint-Jean. À mi-parcours, je me sens mourir. D'un coup. Mon torse est brutalement paralysé par une boule sous le sternum. Mes membres sont secoués de spasmes secs et brefs, une sueur glacée coule sur ma colonne vertébrale. Mes genoux flageolent et j'ai l'impression de tomber vers l'avant, comme aspirée dans un précipice. Mon cœur paraît irrégulier. Le temps paraît suspendu. J'étouffe et il me semble alors que je vais quitter mon corps, me déchirer en deux presque. J'ai peur de devenir folle, docteur. Pourtant, je vous assure, j'ai une vie parfaitement saine, sans drogue ni alcool, je n'ai jamais été malade de toute mon existence, et mon dernier check-up est parfaitement *clean*. Alors ? »

Alors, Hermione, vous avez fait l'expérience d'une authentique crise de panique.

Dans ses mots, Hermione raconte son anxiété, qui s'est exprimée autant sur le mode de sensations physiques, de modifications psychosensorielles que par des pensées catastrophiques, des émotions telles que la peur, l'ensemble s'enchevêtrant en un fort sentiment d'angoisse.

EXERCICE DES ÉMOTIONS-EMPATHIE

Dans un deuxième temps, pour vous entraîner, vous pouvez essayer de nommer les émotions chez les autres en les observant dans la rue ou en demandant à des proches de mimer des émotions.

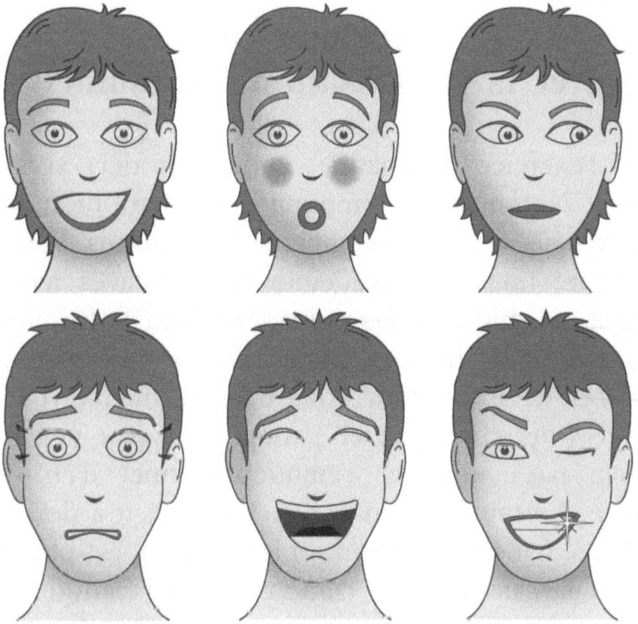

Consigne : devinez l'émotion exprimée
par chaque visage.

Alors ? Cet exercice n'est pas si facile : deviner l'émotion de l'autre tout en restant soi-même s'appelle faire de l'empathie.

Exprimez-vous avec la verbalisation émotionnelle

Avec l'exercice d'empathie, vous avez déjà verbalisé les émotions. Nommer son émotion sert bien sûr à mieux se connaître mais aussi à la partager avec les autres. Vous pouvez faire encore mieux : précédemment vous avez associé une couleur à un chiffre. Vous pouvez enrichir votre vocabulaire émotionnel pour nuancer encore mieux vos ressentis. Plus vous aurez de mots pour vous décrire, mieux vos proches pourront vous connaître et partager un peu vos ressentis. N'oubliez pas : nommer l'émotion permet d'en diminuer l'intensité. Certains psychiatres se comparent à des dépotoirs d'émotions. L'idée est assez simple en fait, il est plus facile de porter un fardeau à deux. Donc nommer l'émotion qui nous étreint autorise quelqu'un d'autre que nous à la porter avec nous.

➤ *Exercice de l'inventaire des émotions*

La première étape consiste à enrichir votre vocabulaire émotionnel.

– Trois émotions négatives, simples, pourraient être isolées : la colère, la tristesse et la peur.

– Associez-les à un thermomètre émotionnel selon leur intensité, selon votre cotation : 12 pour votre colère maximale, 1 pour votre plus petite colère.

– Vous pouvez ensuite associer à chaque chiffre un mot qui nomme mieux votre émotion.

Voici par exemple un inventaire des émotions potentielles.

Niveau d'intensité	COLÈRE	TRISTESSE	PEUR
1	Amer.	Morose.	Craintif.
2	Se sentir injustement traité.	Mélancolique.	Méfiant.
3	Irrité.	Déçu.	Se sentir vulnérable.
4	Frustré.	Se sentir incompris.	Impuissant.
5	Cynique.	Se sentir trahi.	Anxieux.
6	Exaspéré.	Honteux.	Vigilant.
7	Révolté.	Coupable.	Inquiet.
8	Indigné.	Se sentir abandonné.	Paniqué.
9	Furieux.	Découragé.	Alarmé.
10	Violent.	Abattu.	Effrayé.
11	Agressif.	Déprimé.	Affolé.
12	Enragé.	Désespéré.	Terrifié.

Graduation des émotions selon leur intensité.

Apprenez maintenant à relier votre émotion à votre sensation.

Exemple de la colère :

COLÈRE	SENSATION
Amer.	Corps détendu et souple, respiration dégagée.
Se sentir injustement traité.	
Irrité.	Yeux crispés, épaules tendues.
Frustré.	
Cynique.	
Exaspéré.	Respiration très rapide, palpitations, agitation.
Révolté.	
Indigné.	
Furieux.	Souffle court, gestes agressifs, corps entier très tendu.
Violent.	
Agressif.	Poings fermés, je hurle, veines du cou gonflées.
Enragé.	

Ajoutez ensuite une verbalisation intérieure, votre auto-verbalisation.

COLÈRE	SENSATION	AUTOVERBALISATION
Calme 0/12.	Corps détendu et souple, respiration dégagée.	« C'est relax, je me sens bien. »
Amer 1/12.	Front crispé.	« Ça m'agace. »
Se sentir injustement traité.		
Irrité.	Yeux crispés, épaules tendues.	« Ça m'énerve. »
Frustré.		
Cynique.		
Exaspéré.	Respiration très rapide, palpitations, agitation.	« Ils le font exprès. » « Ça me fatigue. »
Révolté.		« Je vais perdre le contrôle. »
Indigné.		
Furieux.	Souffle court, gestes agressifs, corps entier très tendu.	« Je vais exploser. »
Violent.		
Agressif.	Poings fermés, je hurle, veines du cou gonflées.	« Je vais leur arracher la tête. » « Je vais me mutiler. »
Enragé 12/12.		

Vous avez vu les tableaux que Camille avait fabriqués pour elle-même. Mais chacun est unique, alors fabriquez vous-même votre tableau :

Niveau d'intensité	ÉMOTION Colère	SENSATION	Autoverbalisation
1 – – –			
12 +++			

Faites-le aussi pour la tristesse et pour la peur.

Si vraiment vous êtes bien lancé, ajoutez la joie et le dégoût.

Utilisez le *coping* centré sur l'émotion : le désamorçage

À chaque autoverbalisation de l'exercice « Réprimez-vous ! » (p. 127), proposez une stratégie comportementale de désamorçage.

COLÈRE	SENSATION	AUTOVERBALISATION	STRATÉGIE
Calme 0/12.	Corps détendu et souple, respiration dégagée.	« C'est relax, je me sens bien. »	
Amer 1/12.	Front crispé.	« Ça m'agace. »	Respirer profondément.
Se sentir injustement traité.			
Irrité.	Yeux crispés, épaules tendues.	« Ça m'énerve. »	Faire une activité agréable.
Frustré.			
Cynique.			
Exaspéré.	Respiration très rapide, palpitations, agitation.	« Ils le font exprès. » « Ça me fatigue. »	Changer mes autoverbalisations.

COLÈRE	SENSATION	AUTOVERBALISATION	STRATÉGIE
Révolté.		« Je vais perdre le contrôle. »	
Indigné.			
Furieux.	Souffle court, gestes agressifs, corps entier très tendu.	« Je vais exploser. »	Sortir de la situation.
Violent.			
Agressif.	Poings fermés, je hurle, veines du cou gonflées.	« Je vais leur arracher la tête. » « Je vais me mutiler. »	
Enragé 12/12.			

CHAPITRE 13

Mettez une dose de perfectionnisme dans votre impulsivité

Les perfectionnistes décrivent souvent un sentiment d'inachevé permanent, ils sont insatisfaits de leurs gestes et ruminent une terreur de l'erreur. Ils sont en général méticuleux avec un souci constant du détail, de l'ordre et de l'apparence. Ils sont souvent indécis et souffrent de procrastination[1].

La procrastination est la manière de réfléchir des perfectionnistes : ils envisagent toutes les hypothèses et toutes les conséquences possibles de leur future action pour finalement aboutir à la conclusion qu'il vaut mieux s'abstenir d'agir. Ainsi, la procrastination est une sorte de mentalisation, de doute permanent à agir pour remettre au lendemain le moment de passer à l'acte.

Arnold, qui souffrait d'une compulsion de nettoyage dans le chapitre 2, est perfectionniste, il pratique la procrastination inlassablement : « Bien sûr, j'ai des projets pour mes loisirs. J'ai souvent l'envie de sortir voir un film juste pour le plaisir.

Mais aussitôt, je suis assailli de doutes : Y aura-t-il du monde ? Si jamais je fais un malaise au cinéma qui pourra m'aider ? Vais-je prendre le métro, la voiture ou préférer y aller à pied ? Si jamais je reçois un appel téléphonique important, je vais déranger tout le monde ? Du coup, je reste chez moi et je regarde un DVD. C'est décevant. » À l'extrême, ce flot de questions qui inhibe toute action confine au trouble anxieux généralisé, la maladie des soucis. Mais pour vous, impulsif, apprenons un peu de cette technique.

Avant d'agir, envisageons toutes les questions possibles sur les conséquences de notre future action. Trouvez deux, voire trois, puis cinq questions. À force, ces questions inhiberont toute velléité impulsive.

Marie : « J'aimerais faire une crise alimentaire, m'empiffrer de chocolats. Mais si jamais je succombe, ne vais-je pas culpabiliser après ? Ne vais-je pas me sentir mal jusqu'à la nausée ? Après, on ne m'offrira plus jamais de chocolats si quelqu'un vient me rendre visite ? Ne ferais-je pas mieux de les jeter plutôt que de m'en rendre malade ? Que pourrais-je faire d'autre ? Téléphoner à quelqu'un ? »

Devenez perfectionniste en imaginant la pire des conséquences que votre acte occasionnera et persuadez-vous que le monde entier vous jugera mal si vous agissez.

Le perfectionnisme et l'impulsivité sont les deux extrêmes d'un même axe ; l'impulsif ayant tendance à agir trop vite sans assez réfléchir, le perfectionniste ayant, au contraire, tendance à trop réfléchir sans agir assez et restant souvent dans l'indécision et dans l'inaction par peur de ne pas faire assez bien.

Observez et imitez un perfectionniste autour de vous, cela vous apprendra à réfléchir avant d'agir. De même qu'un perfectionniste pourra apprendre à agir plus spontanément en s'inspirant du bon côté de votre impulsivité. Vous, impulsif, vous pourrez très bien vous compléter avec des personnes perfectionnistes de votre entourage !

Enrichissez votre vie, préférez l'harmonie à l'excellence

Si une dose de perfectionnisme peut tempérer votre impulsivité, il n'en reste pas moins que l'équilibre dans les différents domaines de la vie peut contribuer à créer un environnement stable et serein. Henry : « Je me mets trop la pression, c'est sûr. J'ai l'impression qu'en dehors de mon travail ma vie est bien vide. Alors, oui, j'ai réussi mais au fond, pourquoi ? À quoi cela sert-il ? » Eh oui, on va tous mourir, quels que soient nos réussites ou nos échecs. Sans sombrer dans l'angoisse de la mort ou dans la déprime la plus morose, posons-nous la question suivante : « Est-ce que je préfère vivre une seule activité mais très bien, à fond OU ALORS est-ce que je préfère trouver l'équilibre, la sérénité, l'harmonie dans ma vie ? »

Un des auteurs de ce livre a décrit dans un de ses ouvrages précédents[2] que notre équilibre relationnel nécessitait d'être distribué dans quatre grands domaines de vie : intime, professionnel, amical, social ; comme une chaise qui nécessite quatre pieds pour être stable.

Le pied intime fait référence aux relations parents-enfants, que ce soit avec vos parents d'une part et avec vos enfants d'autre part ; le pied professionnel comprend les relations de travail ; le pied amical comprend les relations avec les personnes auxquelles nous pouvons nous confier, et enfin le pied social désigne les rencontres du quotidien, nos voisins, nos commerçants, les collègues de notre club de sport ou de musique...

Comme la chaise a besoin de ses quatre pieds pour être très équilibrée, il s'agit de développer des bonnes relations dans ces quatre domaines. Si, au cours d'un accident de vie, comme le chômage qui va fragiliser votre pied professionnel, ou bien un divorce qui va fragiliser votre pied intime, vous risquez de vous retrouver sur trois pieds, cela fait un tabouret qui tient encore. Mais si, dans votre vie, vous avez eu tendance à ne développer qu'un seul pied, souvent le pied professionnel, alors vous prenez un gros risque si un événement de vie (licenciement par exemple) survient dans ce domaine, vous n'avez plus rien pour vous équilibrer. Tandis que si vous avez développé des relations amicales, des relations sociales au cours d'activités de quartier, sportives, de loisirs ou encore humanitaires, si vous avez des relations intimes de qualité, votre licenciement sera beaucoup plus facile à supporter. De même, une séparation de couple pourra être beaucoup mieux vécue si vous avez développé de bonnes relations familiales, au travail, avec vos amis et dans votre quartier.

Contrairement aux idées reçues, vivre une passion exclusive peut conduire à appauvrir les autres aspects de sa vie. Si un événement nous rend impossible la poursuite de cette passion, du jour au lendemain le risque est qu'il ne nous reste plus rien.

Thérapeute : Henry, si on vous disait que, parce que votre cœur est devenu trop fragile, il faudrait arrêter de travailler, que feriez-vous ? Regardez bien comment vous équilibrez votre quotidien.

En temps d'abord : sur une journée, ou une semaine, ou un mois, pendant combien de temps :

— Dormez-vous ? .... heures

— Mangez-vous ? .... heures

— Travaillez-vous ? .... heures

— Faites-vous du sport ? .... heures

— Un loisir calme (bricolage, dessin, musique, télévision, lecture). .... heures

— Discutez-vous agréablement avec des amis de sujets non professionnels ? .... heures

— Faites-vous vos démarches administratives ou vos corvées ménagères ? .... heures

En valeur de plaisir, maintenant, avec une note sur dix :

— Combien de plaisir prenez-vous en dormant ?....../10

— Combien de plaisir prenez-vous en mangeant ?....../10

— Combien de plaisir prenez-vous en travaillant ?....../10

— Combien de plaisir prenez-vous en faisant du sport ? ....../10

— Combien de plaisir prenez-vous en faisant votre loisir calme ?....../10

— Combien de plaisir prenez-vous en discutant agréablement ?....../10

— Combien de plaisir prenez-vous en faisant vos corvées ménagères ?....../10

Maintenant faites vos comptes. Votre journée, votre semaine, votre mois sont-ils assez bien équilibrés entre temps passé et plaisir ressenti ? Passez-vous plus de temps à faire des activités plaisir ou des activités déplaisir ?

Pensez-vous pouvoir passer plus de temps à vos activités plaisir ? Réfléchissez à vous organiser au moins quelques heures d'activités plaisir dans la journée, bloquez-vous du temps pour cela. Ne rien faire de particulier, mais avoir du temps pour soi n'est déjà pas si mal !

CHAPITRE 14

Apprenez à réguler !

Le camouflage ou l'inversion d'affect

Cet exercice est assez naturel pour certains d'entre nous. Ici, la méthode est de masquer nos émotions sous le masque de l'indifférence comme si elles nous étaient étrangères. Ce n'est possible que quand l'émotion est ténue, de faible intensité, car au bout d'un seuil nous ne pouvons plus la contenir. Mais nous pouvons ensuite l'exprimer à l'opposé. Il nous arrive de pratiquer cet exercice naturellement : quand nous utilisons le rire : on rit nerveusement pour masquer sa peur ou son anxiété, les enfants jouent à se faire rire en se forçant à rire. Certains ont même créé des clubs de rire où les participants se relaxent et tentent de rire le plus naturellement possible. Le rire est facilement applicable, mais nous pratiquons l'exercice avec les autres émotions pourtant, et cela au quotidien : la peur, avec des films ou des histoires pour se « faire peur ». Là encore, les enfants sont des maîtres. Alors pourquoi ne pas apprendre d'eux ?

Deux méthodes peuvent habilement être mises en place.

➤ *Exercice des émotions imitées*

L'exercice consiste à simuler l'émotion physiquement.

Essayez de mimer une émotion comme si vous étiez un acteur devant un public. Contrôlez votre posture, modifiez vos muscles faciaux, jouez un rôle.

Parfois, nous sommes incertains : l'émotion que je nomme est-elle bien celle que j'exprime ? Pour enrichir votre perception de vous-même, vous pouvez aussi imiter des émotions dans un miroir, face à vous-même dans un premier temps.

En vous observant dans un miroir, décrivez votre visage selon l'émotion mimée. En imitant assez bien une émotion, il arrive qu'on puisse la ressentir.

Voici une description des principales expressions faciales d'émotions[1]. Elle peut être utile pour s'auto-observer dans un miroir et imiter ou reconnaître certaines émotions chez les autres.

• Joie : front détendu, joues relevées, commissures des lèvres relevées.

• Tristesse : sourcils relevés en accent circonflexe, plis ou renflement entre les sourcils, coin interne de la paupière supérieure relevé, commissures des lèvres abaissées, lèvre inférieure repoussée vers le haut, menton crispé.

• Colère : sourcils froncés et abaissés, plis ou renflement entre les sourcils, narines dilatées, yeux rétrécis par le mouvement des sourcils, bouche ouverte rectangulaire ou lèvres serrées.

• Peur : sourcils droits, relevés et rapprochés, plis horizontaux ou renflés sur le front, narines rétrécies, yeux plissés, paupières relevées, le blanc des yeux est plus apparent que d'habitude, commissures labiales étirées vers l'arrière.

• Surprise : sourcils relevés, espace entre les sourcils étiré, sillons horizontaux sur le front, yeux arrondis et élargis, bouche ouverte et arrondie.

• Dégoût : sourcils froncés et abaissés, sillons verticaux ou renflement entre les sourcils, narines renflées et élargies, arête nasale plissée ou saillante, yeux rétrécis, pommettes des joues relevées, bouche tendue, voire langue tirée, lèvre inférieure tombante.

• Sollicitude : sourcils en accent circonflexe, sillons verticaux ou renflement entre les sourcils, yeux rétrécis, bouche détendue.

• Neutralité : aucun mouvement facial visible, aucune expression émotionnelle dans la mimique exprimée.

Quand vous maîtriserez suffisamment une expression faciale ou une posture émotionnelle particulière, vous pouvez l'imiter pour contrer une émotion pénible ou quand vous sentez une impulsion prendre le contrôle sur vous.

➤ *L'émotion prescrite : racontez-vous une émotion*

Une autre méthode utilise l'imagination. Racontez-vous une histoire que vous associez à une émotion particulière. L'idéal est de vous préparer une histoire ou deux en vous la racontant ou en l'écrivant le plus précisément possible. Un souvenir particulièrement agréable, une situation amusante, un gag, une histoire drôle que vous associez à la joie par exemple. Vivez profondément cette histoire, sentez l'émotion en vous.

Devant une situation qui déclenche de gestes impulsifs, racontez-vous ensuite votre histoire pour contrer l'émotion floue ou négative qui vous submerge.

Neutraliser ses émotions par les conventions

Les rites et les codes sociaux sont des modes de maîtrise émotionnelle.

Nous vivons dans une société qui réprouve toute forme de passage à l'acte impulsif et encore plus si ces comportements sont violents. Toute forme d'agressivité est condamnée. Et pour cause, l'agressivité est associée à l'animalité, à la bestialité qui sommeille en nous et s'oppose à notre idée de la civilisation. La courtoisie a entre autres fonctions l'utilité de canaliser notre désir de soumettre l'autre, notre bestialité. Imaginez la scène suivante, véridique pourtant.

« Une femme élégante attend dans une file d'attente d'acheter son billet de cinéma. Un homme arrive et se campe arbitrairement devant elle :

— Voyons, monsieur, vous ne pouvez pas passer devant tout le monde comme ça. Veuillez, je vous prie, prendre votre tour dans la file, lui dit-elle avec un délicieux accent anglais.

— Non.

— Mais vous êtes très grossier.

— C'est vrai, j'assume, je suis grossier.

— Mais je vous en prie, vous me doublez.

— Oui, c'est vrai, mais comme je suis plus fort que vous, je ne vois pas ce que vous pourriez faire pour m'en empêcher.

— Eh bien…

— De toute façon, je n'aime pas les Anglais. Vous devriez rester chez vous plutôt que d'encombrer nos cinémas… »

Voici une scène scandaleuse, non ?

Cette femme devait sentir la colère la submerger progressivement au fil des propos odieux que lui débitait cet homme. Et pourtant, bien éduquée et courtoise, elle s'est abstenue d'agir. Qu'aurait-elle pu faire de toute façon ? À l'inverse, cet homme, qui, lui, n'avait aucune courtoisie, a usé de toute sa force et de son animalité pour dominer et écraser l'autre…

Les codes sociaux et les rituels nécessaires à la vie en collectivité assurent la maîtrise émotionnelle. Ainsi, certaines émotions sont bloquées par les conventions collectives : on n'exprime pas tout haut sa colère dans une église, on n'explose pas de rire de manière tonitruante lors d'une conférence sérieuse. Écoutez le concert de toux qui reflète la retenue des gens lors d'un concert : on tousse au bon moment, à l'entracte par exemple et pas au milieu d'un passage musical. La société nous impose une manière d'être. Nos sentiments doivent être socialement adéquats. À l'opposé, quand nous exprimons de manière inadaptée un sentiment, la désapprobation collective suscite un sentiment particulier : la honte. La honte est bien connue des personnes anxieuses alors que ce sentiment est souvent inconnu des impulsifs. Certains impulsifs ressentent un autre sentiment parfois après leur action : la culpabilité.

➤ *Honte et culpabilité*

La différence essentielle est dans le regard. On se sent coupable par rapport à ses propres idéaux, à ses propres croyances même si elles sont partagées par d'autres. La culpabilité est un sentiment de forte désapprobation intérieure : « Jamais je ne me serais senti capable d'avoir fait cela. Je désapprouve mon action et je ferai tout pour ne pas recommencer. » La culpabilité est un jugement de soi sur soi-même, une autocensure.

Alors que la honte est suscitée par notre idée du jugement de l'autre sur notre action. La honte est induite par le social : « Je pense que les autres vont me juger nul ou mal d'avoir agi ainsi. » La honte est la conséquence émotionnelle de l'attribution d'un jugement de l'autre sur nous. C'est un double mouvement :

1. On fait une action que l'on réprouve soi-même : c'est la culpabilité.

2. On croit que les autres désapprouvent aussi cette action : c'est la honte.

La honte passe par le jugement de l'autre. Or on se trompe très souvent. On recommande aux honteux de demander à l'autre son avis sur notre action et bien souvent l'autre a un avis bien différent de celui qu'on lui octroyait…

— Vous m'avez trouvé ridicule quand j'ai pris la parole à cette réunion ?

— Non, bien au contraire, je vous ai trouvé bien courageux de prendre la parole en public ; *ou* : Au contraire vous avez osé dire tout haut, ce que je pensais tout bas ; *ou* : Non, je vous ai trouvé très amusant, plein d'humour, etc.

➤ *Sentez-vous coupable !*

Vous avez agi de manière impulsive. Est-ce que votre action représentait exactement votre émotion ? N'avez-vous pas amplifié cette émotion en agissant ? N'avez-vous pas été trop mélodramatique ou excessif ?

On parle de dissonance émotionnelle quand l'émotion exprimée ou affichée est très en écart avec celle qui est ressentie.

Karim a piqué une grande crise de colère quand ses parents lui ont refusé une sortie un samedi soir. Il raconte qu'il a envoyé au sol tous les objets qui tombaient sous sa main. Au final, il quitte la pièce en frappant avec rage le mur de son poing. Résultat : il se casse trois phalanges…

Thérapeute. – Karim, mets une note sur 10 à la colère que tu as ressentie après avoir essuyé le refus de sortir ?

Karim. – Je ne sais pas trop. Genre 4/10. Ça m'a bien énervé quand même. Peut-être 5/10.

— OK. Et quand tu as réalisé que tu t'étais brisé les doigts, cela voulait dire que ton geste exprimait une colère de combien ?

— Ben, c'est vrai que j'ai eu bien mal après. Je sais, c'est nul. Mais bon. Allez, je dirai 8/10.

— Tu penses que tu aurais pu exprimer de la colère plus fortement encore ?

— Peut-être pas. Non quand même. Pire, je crois que j'aurais tué quelqu'un. Mais jamais je n'aurais fait du mal à ma mère ou à mon père. C'est pour cela que j'ai frappé le mur, pour les protéger. Bon d'accord : colère exprimée à 9/10.

On constate ici un grand écart entre la colère ressentie de Karim et sa colère exprimée. Il faut réaliser cet écart pour se sentir un peu coupable. La culpabilité est le jugement de soi sur soi.

➤ *La honte, un extincteur de l'impulsivité*

La honte est ce qu'on pense que les autres pensent de nous : en psychologie, cela s'appelle l'attribution du jugement. On attribue aux autres une pensée qui en fait n'est que le reflet de notre crainte d'être jugé. Les personnes impulsives présentent un trouble de cette compétence. Souvent quand on est impulsif, on a du mal à savoir ce que les autres pourraient penser de notre action ou de nous. Alors essayons :

Thérapeute. – Karim quand tu as cassé tes doigts sur le mur, tu te souviens ? Qu'as-tu pensé de toi ?

Karim. – Que j'avais un peu exagéré sans doute. Je me suis senti coupable après.

— Imagine maintenant ce qu'aurait pu penser ta maman.

— Je ne sais pas, qu'elle n'aurait pas dû m'interdire de sortir avec mes potes.

— Oui, très bien. Qu'aurait-elle pu penser d'autre ?

— Que j'avais mal à ma main. Que je ne supporte pas la contrariété. Que je ne sais pas trop parler et que je suis impulsif.

— Quoi d'autre encore ?

— Peut-être qu'elle était triste après, ou en colère contre moi. Elle aurait pu penser que je ne change pas beaucoup. Elle a peut-être même eu peur que je la frappe, elle aussi.

Karim émet plusieurs hypothèses sur les pensées et les émotions qu'auraient pu vivre ses parents. Puis, on revient vers lui.

Thérapeute. – Maintenant que tu sais ce qu'auraient pu ressentir tes parents, qu'est-ce que cela te fait ressentir en toi ?

Karim. – Ça, c'est dur à dire. Mais cela me rend triste et cela me dégoûte en même temps. Je suis bien embêté, j'ai peur qu'ils m'aiment moins…

Voilà, Karim avec ses mots à lui exprime un sentiment de honte. La honte, c'est le sentiment d'être jugé de manière négative par les autres.

Elle est un sentiment social, ressenti en raison du regard de l'autre. Elle fonctionne comme un pare-feu social, un extincteur de l'impulsivité.

À ce stade du livre, vous avez pu expérimenter de nouveaux comportements, certains sans doute avec succès, d'autres avec moins de réussites. Mais vous avez essayé par vous-même. Alors, bravo pour cela ! Toutefois, vous pensez peut-être que cela n'est pas suffisant. Peut-être avez-vous raison. Alors lisez la suite.

CHAPITRE 15

Demandez de l'aide

Il existe différentes stratégies : les psychothérapies de soutien, les aides systémiques interactionnelles ou tout simplement la relation à autrui. L'aide d'un autre pourra aussi vous aider à surmonter votre impulsivité.

La parole peut vous aider

Nous aimerions tant que les autres anticipent nos désirs, qu'ils viennent spontanément nous demander ce que nous souhaitons, qu'ils s'enquièrent de nos besoins. Mais hélas, ils ne sont pas tous médiums et ne peuvent pas deviner nos attentes. Allez donc dire à vos proches que vous avez besoin d'eux. Ne vous retenez pas d'exprimer vos sentiments, vos désirs, vos envies. Utilisez le « je » pour que vos phrases ne ressemblent pas à des reproches. Dites : « J'ai besoin de ton aide, je veux que tu m'écoutes. Je suis mal. » Parlez. Rien de ce que vous pourrez dire ne pourra être critiquable si vous verbalisez ce que vous ressentez.

Alexandre se tait. « De toute façon, on est toujours tout seul. Les autres ne peuvent pas comprendre ce que je ressens. Surtout s'ils ne l'ont jamais vécu. Et puis, les mots sont toujours décalés de la réalité. » Mais Alexandre, si tu ne dis pas ce que tu ressens, comment les autres pourraient-ils te comprendre ? C'est en parlant qu'on apprend à parler. C'est à force d'exprimer ses émotions qu'elles deviennent évidentes à partager. Alors n'attendez pas qu'un médium vienne vers vous spontanément, aller chercher un proche, un ami de confiance pour lui demander de l'aide. Si vous n'avez personne autour de vous ou si vos proches sont débordés, allez vers un professionnel : médecin, psychologue, éducateur… ils sont nombreux pour vous. Vous n'êtes pas seuls, alors parlez !

Assumez : la responsabilité de l'impulsif, c'est l'obligation de réparer !

Vous avez cassé, vous avez insulté, vous avez fait un geste délétère ou agressif ? La belle affaire ! Vous n'allez pas recommencer ? Pas si sûr… Vous le savez déjà. Bien sûr, la culpabilité et la honte submergent. Le moyen le plus efficace d'effacer le geste, d'effacer la honte et les remords, c'est d'assumer ce geste. Assumez votre geste. Assumer ? C'est porter la responsabilité de ce geste. Certains diront : « Oui, mais… ce n'est pas vraiment moi, j'avais bu ou c'est ma maladie, ou encore le climat n'était pas favorable, je vis trop de stress ou de changements actuellement. » Toutes ces phrases, même si elles peuvent être vraies, ont aussi la fonction de nous déresponsabiliser. Le geste impulsif vient-il de notre main ? Quelqu'un avait-il braqué un revolver sur notre tempe pour nous contraindre à agir ? Non ? Alors ce geste est le nôtre.

Il faut encore aller plus loin. Si c'est votre geste, c'est votre responsabilité. Et si c'est votre responsabilité, vous pouvez le réparer : allez consoler la victime, ou au moins lui demander pardon. Allez recoller les morceaux du vase ou bien allez racheter les objets détruits. Rendez les vêtements volés ou achetés sur un coup de tête dans le magasin. Vous verrez comme il est difficile de demander pardon. Mais comme vous en sortirez grandi. Si vous n'accomplissez pas ce geste, vous risquez plus tard d'être tourmenté par le regret… Alors réparez maintenant. Soyez authentique dans votre réparation.

Prenez soin de votre impulsivité, préservez-la !

Toutes ces pistes de traitement ou d'amélioration ne doivent pas faire oublier que l'impulsivité possède aussi des avantages. Ce qui caractérise la spontanéité essentiellement : la rupture de la monotonie, la surprise, l'aventure, l'écoute de ses envies, l'enfant en nous… Elle est une partie de nous. Inutile donc de tenter de détruire toute impulsivité en soi. Il s'agit surtout de la réguler, de la différer, de la canaliser. Donc loin de nous l'idée de l'éliminer !

Préservez votre impulsivité pour qu'elle devienne une force, une énergie qui fera le bonheur de vos proches. Développez l'impulsivité en vous vers plus de prospérité et d'authenticité. L'idée est simple à expliquer, mais difficile à vivre : prenez soin de votre impulsivité comme d'un objet précieux mais très fragile : si vous l'oubliez ou la négligez, alors elle va croître et vous submerger ; si vous la cajolez et l'entretenez méticuleusement, alors elle va être canalisée et sera le moteur de votre quotidien.

Marie : « J'ai toujours l'envie brutale de me laisser aller à mes pulsions, à succomber d'un coup à mes envies. Mais je sais que je vais en payer le prix, que les conséquences seront trop lourdes après. Alors je diffère. Je pèse le pour et le contre de mon action. J'essaye d'en faire un tout petit peu moins. Par exemple, quand je goûte une viennoiserie, je n'en prends qu'une. Mais qu'est-ce que je la savoure ! »

Faisons l'éloge de la spontanéité, car elle est la marque de notre autonomie, de notre liberté. La spontanéité nous affranchit de ce qui nous gouverne au quotidien, dans le sens même de sa définition : que l'on fait de soi-même, sans y être incité ni contraint par autrui (dans le *Petit Robert*). Elle est ce qui vient de nous sans les influences de l'extérieur, elle nous apporte la liberté selon le philosophe Gottfried Wilhelm Leibniz (1646-1716) dans son texte *Essais de théodicée*, nous différenciant des lois de la physique et des autres animaux. La spontanéité est aussi un mouvement de création qui nous permet d'extraire un morceau de nous-même au-delà de notre quotidien parfois répétitif. La spontanéité est ce qui nous surprend de nous-même, ce qui séduit aussi l'amoureux, l'impromptu qui survient telle une agréable surprise, un trait d'esprit, un reflet de notre innocence, un réflexe d'enfant. La spontanéité est ce qui surgit de lui-même. Notons bien qu'on assimile souvent la spontanéité à la brutalité : ce qui vient d'un coup, brutalement, soudainement. Eh bien, pas forcément en fait : gardons-nous de croire que la spontanéité est une affaire de temporalité : on peut être spontané sans tout rejeter, dans un grand respect de l'autre : un sourire spontané par exemple survient sans arrière-pensée, gratuitement adressé à quelqu'un sans recherche de séduction ou de moquerie. Des aveux spontanés, entend-on parfois : voici des aveux qui arrivent sans la contrainte, sans la torture ou l'influence d'un tiers. Alors, je vais faire un aveu spontané : le plus beau dans la spontanéité est son caractère gratuit. La spontanéité n'attend pas de retour et surgit sans cause extérieure. Ainsi, la différence avec l'impulsivité est grande, car l'impulsivité est déclenchée par un stimulus extérieur bien souvent, ou quelque événement qui nous en rappelle un autre.

Oui à la spontanéité !

CHAPITRE 16

Vivre mieux avec les personnes impulsives

Vous vivez avec un impulsif, comment l'aider ?

D'abord, pouvez-vous l'aider ? La question se pose, car vous avez déjà sans doute essayé. Jusqu'à vous épuiser. J'en prends le pari. Mais interrogez-vous un instant. « Suis-je en mesure de continuer d'aider mon proche ? »

Je vous propose d'établir un petit bilan : qu'avez-vous entrepris pour l'aider et quels ont été les effets ?

Exemple :

La mère de Karim : « Je recolle les morceaux des vases après que Karim a tout détruit. » Conséquences : Karim recommence à les casser.

L'épouse de Pierre : « Quand il rentre de son travail, je prépare tout à la maison pour que cela soit parfait et j'anticipe ses désirs pour qu'il puisse se reposer. » Conséquences : Pierre s'énerve pour des broutilles.

La mère de Marie : « Oh, là. J'ai tout essayé ! J'ai même cadenassé le frigo pour éviter des crises de boulimie ! » Conséquences : Marie cache de la nourriture dans sa chambre au cas où elle aimerait faire une crise.

Quelles actions avez-vous entreprises et quelles en ont été les conséquences ?

Actions	et quelles conséquences ?
–	– ....
–	– ....
–	– ....
–	– ....

On peut déjà faire un constat : cela n'a pas fonctionné. Ou pas autant que vous l'auriez souhaité. Donc il est inutile de vous épuiser : arrêtez d'appliquer cette solution qui n'opère pas. Vous pourrez ainsi faire autre chose à la place.

➤ *Ne compensez plus !*

« Mais vous n'y pensez pas, docteur ! Si je ne répare pas, la maison va être un vaste champ de bataille ! »

Est-ce si sûr ? Et puis si cela arrive, laissez un temps : cela vous repose au moins un peu, même si vous vous sentez coupable de ne pas réparer. Même s'il est très difficile de s'abstenir d'agir, de réparer, de trouver une solution. Il est frappant de constater que les proches des impulsifs sont des personnes très actives, généreuses et, au contraire de leurs proches, très maîtresses d'elles-mêmes. Elles compensent. Et cette attitude de compensation conforte l'impulsif dans ses actes : « Pourquoi arrêter, puisque de toute façon maman va tout réparer ? » L'impulsif n'a pas besoin d'assumer ses actes puisque quelqu'un d'autre les éponge après. Votre travail à ce point est la non-activité, l'abstention.

Comment voulez-vous qu'un impulsif mesure les conséquences de son impulsivité si vous les réparez immédiatement après son geste ? Il faut du temps à l'impulsif pour voir les séquelles de ses actions impulsives. Donc, laissez-lui du temps pour constater, laissez la scène du crime intacte pour que les indices conduisent à l'auteur…

Il les verra.

Vous le savez maintenant, ce sont les conséquences de l'impulsivité qui posent difficulté. Si un geste n'a pas de conséquence négative, il n'y aura pas lieu de le modifier.

Pierre raconte : « Chaque fois que je buvais, ma femme s'occupait de moi. Ivre mort, je me laissais installer dans notre lit, parfois elle m'emmenait à l'hôpital. J'étais comme un gros bébé. Et, en fait, je vois que j'aimais bien cela. C'est agréable de se faire dorloter. Un jour, elle m'a laissé dans mon vomi. J'ai cuvé là-dedans. Elle a arrêté de tout éponger. Et c'est là que j'ai réalisé que je n'étais plus un simple bébé. » Boire pour Pierre ne marchait plus pour régresser comme un bébé. Il a pu en prendre conscience quand son épouse a cessé de le protéger de lui-même…

Bien sûr, maintenant que vous avez interrompu vos solutions qui n'opéraient pas, vous pouvez en trouver d'autres. Là, il s'agit de faire œuvre d'imagination avec une seule petite règle : il faut chercher le plus petit changement pour amorcer la plus grande révolution. La révolution que vous espérez, c'est que votre proche se modère. Le plus petit changement au mieux doit venir de lui, mais vous pouvez le lui suggérer. Comment ? Voici quelques pistes.

➤ *Faites-le parler, cela apaise !*

L'absence d'impulsivité est un problème. La question est toujours celle de la bonne dose. Une absence totale d'impulsivité peut rendre le quotidien bien terne. Il est des cas particuliers aussi où un flegme à toute épreuve qui confine à la léthargie renvoie à une image d'indifférence. Et ça énerve !

Karim : « Quand je pète un câble, rien ne m'énerve plus que l'absence de réaction de mes parents. Ça me donne encore plus la rage ! »

On serait parfois tenté de dire à quelqu'un : « Mais calme-toi ! » Mais l'ordre ou l'injonction tait toute verbalisation émotionnelle chez l'autre.

Au contraire, quand quelqu'un de proche s'énerve, il s'agit de l'aider à exprimer sa colère avec des mots plutôt qu'avec des actes. Et, pour cela, la neutralité est de mise mais sans verser dans l'indifférence. Comment ? En facilitant la verbalisation émotionnelle chez l'interlocuteur de manière douce et sereine, et en étant le moins interventionniste possible, tout en restant présent :

• *Par le silence* : c'est la règle d'or de l'aide. Mieux vaut se taire que de dire des mots qui fâchent. De plus, pour laisser l'autre parler, il faut se taire, c'est une évidence. Freud lui-même a découvert les bienfaits du silence alors qu'il avait la réputation d'être un grand bavard en thérapie quand une de ses patientes lui aurait dit : « Mais taisez-vous et laissez-moi parler ! »

• *Par l'encouragement simple* : encouragez l'autre à parler avec des petits mots très simples : « Oui », « Et encore », « D'accord », « Continue ». Cela peut sembler parfois artificiel, mais ces mots peuvent être entendus comme un encouragement à continuer à parler, cela peut rassurer l'autre de les entendre.

• *Par le reflet écho* : la technique est simple et efficace ; on reprend les derniers mots de la phrase prononcée. Cela encourage à poursuivre :

Karim. – Ça me met hors de moi quand vous restez calme comme ça !

Mère. – Calme comme ça ?

Karim. – Oui. Vous ne dites rien alors que j'aimerais discuter et ne plus être considéré comme un bébé.

Mère. – Un bébé ?

Karim. – J'ai changé, vous ne voyez donc pas ?

• *Par le reflet de sentiment* : parfois les personnes en colère n'arrivent pas à exprimer leurs sentiments, elles cherchent les mots. Vous pouvez les aider en proposant doucement, comme si vous étiez incertains, un mot qui pourrait correspondre : « C'est comme de la colère ? »

• *Par la reformulation* : c'est une technique plus élaborée ; on résume les phrases qui ont été prononcées pour faire avancer le discours de l'autre et éviter qu'il ne s'empêtre dans une répétition stérile : « Tu veux dire que personne ne te comprend. Ou tu te sens abandonné. »

Ces différentes relances permettent d'accompagner l'autre à exprimer un ressenti difficile. Vous pouvez aider votre proche en soutenant sa parole par ces petits mots. L'idée est simple : ce qui est dit n'est pas agi ! La parole est elle-même une action, elle se substitue alors à l'acte impulsif.

➤ *Exprimez votre ressenti, cela ouvre les yeux*

Ne vous refrénez pas face à une personne impulsive. Parfois on n'ose plus s'exprimer de peur que l'impulsif n'explose ou ne prenne mal nos propos. Cela produit l'effet inverse en fait. Face à du silence ou à une absence de réaction, l'impulsif l'entend comme la confirmation qu'il peut continuer. Vous avez vu que le silence est utilisé pour faire parler l'autre. L'inverse, c'est-à-dire exprimer son ressenti, propose une limite à l'autre. Il ne s'agit pas de faire des reproches ou de juger l'impulsif mais juste d'exprimer vos émotions face à ces gestes impulsifs : « Tu sais quand tu fais ces gestes impulsifs, cela me rend triste. Parfois même j'ai peur de ces impulsions car je ne te reconnais plus. J'ai peur de ne plus être capable de t'aider. »

L'inhibition, l'absence de réaction, n'offre pas à l'autre de frontière avec vous-même. L'impulsif a besoin de savoir que vous êtes là physiquement et affectivement. Si vous exprimez de l'agressivité, l'autre en face, surtout s'il est impulsif et un peu fragile, va chercher à se défendre, et cela risque vite de dégénérer en conflit. Si vous arrivez à amortir l'impulsivité de l'autre par une phrase exprimée de votre point de vue, selon votre ressenti, vos mots apparaîtront comme une frontière, une limite autour de vous à son impulsivité. Ne vous en privez pas : l'impulsif peut entendre la conséquence de ses actes sur l'autre. Et qui mieux que vous peut le lui dire ?

« J'aimerais aussi être impulsif, mais comme tu l'es souvent, je ne me l'autorise pas. Je dois rester en garde pour récupérer derrière les conséquences de tes gestes. » Ce type de phrase peut être formulé afin d'amener votre proche impulsif à envisager les conséquences de son impulsivité de son point de vue.

➤ *Tenez vos promesses*

Souvent, exaspérés, nous exprimons tout haut des mots, des menaces parfois, mais nous ne sommes pas en mesure de les tenir. « Si tu ne te maîtrises pas, je te quitte ! » ; « Arrête immédiatement sinon je casse tout aussi. »

Les impulsifs sont souvent insécurisés par l'autre et testent parfois la solidité des gens qu'ils aiment. Comme Karim qui casse tout pour être un adulte, mais aussi pour s'assurer que ses parents ne l'abandonneront pas même s'il est insupportable. À amour inconditionnel, impulsivité à toutes conditions.

Si vous menacez, tenez votre parole. Ou bien faites des menaces réalisables... Vous pouvez aussi rassurer l'autre : « Je vois que tu es en colère et que tu casses tout autour de toi, mais je serai là pour t'écouter si tu veux parler aussi. Tu pourras venir me voir quand tu auras fini. Là je ne supporte pas de voir cette violence qui ne te ressemble pas, alors je vais faire un tour. Dans une heure, tu auras la liberté de venir me voir. Je serai là pour toi. » Voilà aussi une autre forme de menace, plus positive. On se donne un rendez-vous, on se prépare à parler ensemble, on s'habille de belles émotions pour se rencontrer. Les mots ne peuvent pas coexister en même temps que les actes impulsifs. Jamais. Alors différons-les un peu.

Si vous faites une promesse, respectez-la, car toute parole dite est une parole donnée. L'autre s'appuiera dessus, surtout s'il ne peut plus compter sur lui, débordé et dominé qu'il est par son impulsivité.

Et après ?

Cet ouvrage défriche le terrain de l'impulsivité. Toutefois, ce terrain est immense, et la recherche scientifique doit encore progresser. Notre expérience aussi doit s'affiner.

Autant il existe de nombreuses impulsivités, autant de solutions, de traitements sont envisageables. Ce livre n'a pas l'ambition de répondre à tout, et vous pouvez prolonger la rédaction de ce livre vous-même par vos idées, vos solutions qui ont réussi.

Vous pouvez aussi poursuivre votre lecture à travers ces quelques articles ou ouvrages :

1. Pfister R., Masse C., Jung J., *Agressivité, impulsivité et estime de soi,* Bruxelles, De Boeck Université, 2001.

2. Cottraux J., « Le continuum impulsivité-compulsivité », *in* J. Cottraux, *TCC et neurosciences,* Masson, « Médecine et psychothérapie », 2009, p. 29-39.

3. Jacobson E., *Biologie des émotions,* Paris, ESF, 1974.

4. Fanget F., Rengade C.-E., Terra J.-L., « Le perfectionnisme. Approche cognitive et comportementale », *Journal de thérapie comportementale et cognitive*, 2009, 19, 2, p. 79-85.

5. Fanget, F., *Toujours mieux ! Psychologie du perfectionnisme,* Paris, Odile Jacob, 2006.

6. Fanget F., *Où vas-tu ? Les réponses de la psychologie pour donner un sens à sa vie,* Paris, Les Arènes, 2007.

Notes

PARTIE 1
Êtes-vous impulsif ou spontané ?

CHAPITRE 1
L'impulsivité, c'est quoi ?

1. Barratt E. S., « Impulsivity : Integrating, cognitive, behavioral and environmental data », *in* Mc Cann W. G., Johnson J. L., Shire M. B. (éd.), *The Impulsive Client : Theory, research an treatment,* Washington D. C., The American Psychological Association, 1993, p. 39-56 ; Bayle F. J., Bourdel M. C., Caci H., « Structure factorielle de la traduction française de l'échelle d'impulsivité de Barratt (BIS-10) », *Rev. can. psychiatrie,* 2000, 45, p. 156-65 ; Eysenck S. B. G., Pearson P. R., Easting G., Allsopp J. F., « Impulsiveness, venturesomeness and empathy in adults », *Personality and Individual Differences,* 1985, 6, p. 613-619 ; Zimmermann G., Rossier J., Meyer de Stadelhofen F., « Validation de la version française du questionnaire I_7 d'impulsivité. Influence de la personnalité, du sexe et de la religion », *Annales médico-psychologiques, revue psychiatrique,* 2004, 162 (2), p. 116-121 ; Dickman S. J., « Functional and dysfunctional impulsivity : Personality and cognitive correlates », *Journal of Personality and Social Psychology*, 1990, 58, p. 95-102 ; Chapman L. J., Chapman J. P., Numbers J. S. « Impulsive nonconformity as a trait contributing to the prediction of psychotic-like and schizotypal symptoms », *J. Nerv. Ment. Dis.*, 1984, 172 (11), p. 681-691 ; Buss A. H., Durkey A., « An inventory for assessing different kinds of hostility », *Journal of Consulting Psychology,* 1957, 21 (4), p. 343-349.

CHAPITRE 2

Quelles sont les conséquences de l'impulsivité ?

1. Tocqueville A. de [1835], *De la démocratie en Amérique*, Paris, Gallimard, « Bibliothèque de la Pléiade », tome I, 1992.

PARTIE 2

Comprendre l'impulsivité

CHAPITRE 3

Impulsif : l'êtes-vous toujours ou parfois ?

1. Barratt E. S., « Impulsiveness subtraits : Arousal and information processing », *in* Spence J. T., Izard C. E. (éd.), *Motivation, Emotion and Personality*, Pays-Bas, Elsevier, 1985, p. 137-146.

2. Shapiro D., *Neurotic Styles*, New York, Basic Books, 1965.

3. Dickman S. J., « Functional and dysfunctional impulsivity : Personality and cognitive correlates », *Journal of Personality and Social Psychology*, 1990, 58 (1), p. 95-102.

4. Ayd F. J., *Lexicon of Psychiatry, Neurology, and the Neurosciences*, Baltimore, MD, Williams and Wilkins Co, 1995.

5. Daruna J. H., Barnes P. A., « A neurodevelopmental view of impulsivity », *in* Mc Cann W. G., Johnson J. L., Shire M. B. (éd.), *The Impulsive Client : Theory, research an treatment*, Washington D.C., The American Psychological Association, 1993, p. 42.

CHAPITRE 4

L'impulsivité en psychologie : une facette de la personnalité ?

1. *In* Masse C., Jung J., Pfister R., *Agressivité, impulsivité et estime de soi*, Bruxelles, De Boeck Université, 2001.

2. Whiteside S. P., Lynam D. R., « The Five Factor Model and impulsivity : Using a structural model of personality to understand impulsivity », *Pers. Indiv. Differ.*, 2001, 30, p. 669-689.

3. Bechara A., Van der Linden M., « Decision-making and impulse control after frontal lobe injuries », *Curr. Opin. in Neurol.*, 2005, 18, p. 734-739.

4. Van der Linden M., Rochat L., Billieux, J., « Troubles du comportement socio-émotionnel et impulsivité : une approche cognitive et neuropsychologique », *in* Azouvy P., Mazaux J. M., Pradat-Diehl P. (éd.), *Comportement et lésions cérébrales,* Paris, Frison-Roche, 2006, p. 53-58.

5. Berridge K. C. & Robinson T. E., « What is the role of dopamine in reward : Hedonic impact, reward learning, or incentive salience ? », *Brain Research Reviews,* 1998, 28 (3), p. 309-369.

CHAPITRE 5
L'impulsivité est-elle une maladie ?

1. Cottraux J., « Le continuum impulsivité-compulsivité », *in* Cottraux J., *TCC et neurosciences,* Masson, « Médecine et psychothérapie », 2009, p. 29-39.

CHAPITRE 6
Mon enfant est impulsif

1. Wallon H., *L'Enfant turbulent*, Paris, Alcan, PUF, 1925 ; Wallon H., *Les Origines du caractère chez l'enfant,* Paris, Boivin, PUF, 1934 ; Wallon H., *De l'acte à la pensée,* Paris, Flammarion, 1942 ; Wallon H., *Les Origines de la pensée chez l'enfant,* Paris, PUF, 1945.

PARTIE 3
Comment maîtriser son impulsivité

CHAPITRE 8
Petits et grands gestes : canalisez !

1. Freeston M. H., Ladouceur R., Gagnon F., Thibodeau N., Rhéaume J., Letarte H., Bujold A., « Cognitive behavioral treatment of obsessive thoughts : A controlled studio », *Journal of Consulting and Clinical Psychology,* 1997, 65, p. 405-413.

CHAPITRE 9

La voie de la relaxation

1. Durand de Bousingen R., Geissmann P., *Les Méthodes de relaxation*, Bruxelles, Éditions Charles Dessart, 1968.

2. Benson H., Beary, J. F., Carol P. C., « The relaxation response », *Psychiatry*, 1974, 37, p. 37-46.

3. Jacobson E., *Biologie des émotions*, Paris, ESF, 1974.

4. Schultz J. H. [1932], *Le Training autogène*, Presses universitaires de France, « Quadrige grands textes », 2008.

CHAPITRE 13

Mettez une dose de perfectionnisme dans votre impulsivité

1. Fanget F., Rengade C.-E., Terra J.-L., « Le perfectionnisme, approche cognitive et comportementale », *Journal de thérapie comportementale et cognitive*, 2009, 19, 2, p. 79-85 ; Fanget F., *Toujours mieux ! Psychologie du perfectionnisme*, Paris, Odile Jacob, 2006.

2. Fanget F., *Où vas-tu ? Les réponses de la psychologie pour donner un sens à sa vie*, Paris, Les Arènes, 2007.

CHAPITRE 14

Apprenez à réguler !

1. D'après Ekman & Friesen (1975, 1978), Izard (1991) et Roberts & Strayer (1996).

Table

PARTIE 3

COMMENT MAÎTRISER SON IMPULSIVITÉ

OUVRAGES DE FRÉDÉRIC FANGET

CHEZ ODILE JACOB

Affirmez-vous, 2000. Nouvelle édition, 2011.
Oser, 2003.
Toujours mieux ! Psychologie du perfectionnisme, 2006.
L'Affirmation de soi (avec Bernard Rouchouse), 2007.
Oser la vie à deux, 2010.

CHEZ D'AUTRES ÉDITEURS

Où vas-tu ?, Les Arènes, 2007.

Cet ouvrage a été transcodé et mis en pages
chez NORD COMPO (Villeneuve-d'Ascq)

Achevé d'imprimer en novembre 2021 par

ISIPRINT
L'IMPRESSION DANS TOUTE SA DIMENSION

139 rue Rateau
93120 La Courneuve

N° d'édition : 7381-2705-2 - N° d'impression : 161416
Dépôt légal : septembre 2011

Imprimé en France

PEFC 10-31-2581 / Certifié PEFC / pefc-france.org

IMPRIM'VERT

